꽃말, 말씀을 만나다

신성근 야고보 신부

| 책을 엮으며

　들꽃을 마주할 때마다 어린 시절의 기억이 고요히 되살아납니다. 특히 마루 끝에 걸터앉아, 흰 치마저고리를 곱게 차려입으신 어머니의 뒷모습을 바라보던 순간이 떠오릅니다. 그 너머로 펼쳐져 있던 작은 정원, 바로 '어머니의 뜰'이었습니다.

　그 뜰은 꽃밭과 텃밭이 어우러진, 집에서 가장 아름다운 공간이었습니다. 탱자나무 울타리가 지켜주는 고요한 뜰 안에서, 들꽃들은 계절 따라 피어났습니다. 어머니는 그런 꽃들 하나하나를 정성껏 돌보셨습니다. 흙을 만지시고 씨앗을 뿌리시며, 마치 자연과 속삭이듯 뜰을 가꾸셨습니다. 그 모습은 어린 제게 자연의 순리를 가르치는 따뜻한 선생님과 같았습니다.

　그 기억들은 제 삶에 깊이 뿌리내려, 자연을 벗 삼는 마음을 길러주었습니다. 자연의 순환 속에서 생명의 소중함을 배우기도 했습니다. 이것이 밑거름이 되어 지난 한 해 동안 매주 하나의 들꽃을 떠올렸습니다. 그리고 꽃말에 담긴 뜻을 따라 이야기를 써 내려갔고, 끝에는 꽃말과 어울리는 성경 말씀 한 구절을 덧붙였습니다. 그렇게 사랑하는 이들에게 마음을 전하다 보니, 어느덧 50여 편을 모은 한 권의 책이 되었습니다.

이 책에 담긴 들꽃들은 식물도감에서 고른 것이 아닙니다. 제가 직접 보았거나, 돌보며 마음을 나누었던 꽃입니다. 살아 있는 기억 속의 꽃들입니다. 꽃말 역시 자료마다 다를 수 있지만, 저는 그중에서도 제 마음에 가장 깊이 닿은 의미를 선택했습니다. 그리고 그 뜻에 걸맞은 이야기를 더하고, 어울리는 성경 말씀을 함께 나누고자 했습니다.

그래서 이 책의 이름을 『꽃말, 말씀을 만나다』라 하였습니다. 들꽃에서 길어 올린 이 소박한 기록이, 누군가에게는 조용한 위로, 또 누군가에게는 삶의 따뜻한 동행이 되기를 기도합니다. 그리고 언젠가, 여러분 마음속에도 한 조각 '어머니의 뜰'이 피어나기를 소망합니다.

2025년 7월 25일
성 야고보 사도 축일에
신성근 야고보 신부

| 추천사

자연의 마음,
꽃말로 담다

들꽃은 소리 없이 피고, 조용히 지지만, 그 안에는
하느님의 섬세한 손길과 깊은 뜻이 담겨 있습니다.
이 책은 자연을 사랑하며 숲해설가로 살아가는 한
사제가, 사계절 내내 피어난 들꽃들의 꽃말을 따라
묵상하고 써 내려간 글들을 엮은 소박한 찬가입니다.

어느 날은 산길 따라 핀 쑥부쟁이에서 그리움을 배우고, 또 어느 날은 길가의 애기똥풀에서 상처 속의 치유를 발견합니다. 그 50여 편의 글에는 단순한 식물 이야기를 넘어, 한 송이 꽃 안에 담긴 신비와 생명의 교훈, 그리고 사제의 눈으로 바라본 세상에 대한 따뜻한 시선이 담겨 있습니다.

자연은 하느님의 첫 번째 책이며, 들꽃은 그 안에 수놓아진 작은 문장들입니다. 이 책은 그 문장들을 조용히 읽어낸 한 사제가, 독자들에게 건네는 짧지만, 깊은 사랑의 기록입니다. 바쁜 일상에 지친 이들이 이 글들을 통해 마음의 숨을 돌리고, 다시금 자연과 생명, 그리고 하느님 안에서 평화를 되찾을 수 있기를 기대합니다.

생명의 말씀이 뿌리내리는 자리에서, 들꽃 한 송이의 이야기가 작은 복음이 되기를 기도합니다. 이 아름다운 글 모음이 많은 이들의 마음에 따뜻한 위로와 묵상이 되기를 희망합니다.

양업관에서
장봉훈 가브리엘 주교

| 추천사

'성근 생각'을 생각하며…

싱그러운 아침을 여는 종소리처럼, '딩동!' 소리와 함께 '성근 생각'이 도착합니다. 작은 것들에 대한 소소한 생각이 빼곡히 담긴 '글 인사'입니다.

오늘날 우리 사회는 크고 눈에 띄는 것들에 집중하며, 그와 같은 존재가 되기를 갈망하는 분위기 속에 놓여 있습니다. 그로 인해 보잘것없어 보이고 주변으로 밀려난 것들에 주목하기란 그리 쉽지 않습니다. 화려함과 속도를 좇는 삶 속에서, 작은 것들을 바라보는 눈과 귀는 점점 닫혀가고 있습니다. 그러나 하느님께서는 언제나 세상의 가장자리로 밀려난 존재들, 가난하고 병든 이들, 떠돌고 갇힌 이들, 목소리를 잃고 이름 없이 살아가는 이들에게 더욱 가까이 다가가십니다. 그들을 향한 하느님의 깊은 연민과 사랑은, 우리에게도 작은 것들을 향한 눈길을 배우게 합니다.

이 작은 책자는 그러한 사제의 시선과 마음이 담긴 글 모음입니다. '내려갈 때 보았네, 올라갈 때 보지 못한 그 꽃'이라는 시구처럼, 우리가 무심히 지나쳤던 들꽃과 벌레, 풀잎과 바람을 새삼 들여다보게 합니다. 화려하고 큰 것들이 소란스레 흐르는 세상에서도, 자기 자리를 묵묵히 지켜내는 작은 존재들의 용기는 우리에게 잔잔한 울림을 줍니다. 작지만 단단한 생명들이 품어내는 삶의 깊이는 전혀 하찮지 않습니다. 오히려 더 깊고도 아름다운 이야기를 품고 있습니다.

이 책의 글들이 우리로 하여금 천천히, 찬찬히 바라보게 하고, 삶의 속도를 조금 늦추어 지혜와 아름다움을 발견하게 한다면, 그것만으로도 이 글들은 이미 그 이상을 이룬 셈일 것입니다.

묵묵히 써 내려간 글처럼,
우리 삶 또한 조용히 그러나 아름답게 써 내려가기를 소망하며….

교구청에서
청주교구장 김종강 시몬 주교

목차

책을 엮으며　꽃말, 말씀을 만나다　•2
추천사　자연의 마음, 꽃말로 담다　장봉훈 가브리엘 주교　•4
　　　　'성근 생각'을 생각하며…　김종강 시몬 주교　•6

봄,

괭이밥　•12	민들레　•36
구슬붕이　•14	바위취　•38
금낭화　•16	벼룩나물　•40
까마중　•18	별꽃　•42
깽깽이풀　•20	씀바귀꽃　•44
꽃다지　•22	앵초　•46
꽃마리　•24	은방울꽃　•48
냉이　•26	제비꽃　•50
노루귀　•28	지치　•52
달래　•30	흰 안개꽃　•54
돌나물　•32	흰골무꽃　•56
돌단풍　•34	

여름,

가는장구채 · 60
가락지나물 · 62
개미자리 · 64
꼬리풀 · 66
닭의장풀 · 68
들깨풀 · 70
물질경이 · 72
바람꽃 · 74
밭둑외풀 · 76
부추 · 78
수염가래꽃 · 80
쑥갓 · 82

애기똥풀 · 84
으아리 · 86
좁쌀풀 · 88
주름잎 · 90
쥐손이풀 · 92
초롱꽃 · 94
탑꽃 · 96
파리풀 · 98
패랭이 · 100
한련초 · 102
해란초 · 104

가을, 그리고 겨울

감국 · 108
물매화 · 110
벌개미취 · 112
사마귀풀 · 114

쑥부쟁이 · 116
좀바위솔 · 118
겨우살이 · 120

봄,

'봄'은 '보다'에서 왔다고 합니다. 보이지 않던 생명이 다시 눈에 들어오기 시작하는 계절, 그 첫 신호는 나뭇가지보다 먼저 들녘에서 피어나는 작은 꽃들입니다. 복수초가 언 땅을 뚫고 얼굴을 내밀고, 냉이꽃과 별꽃, 민들레가 바람에 흔들리며 말을 겁니다. 소박하지만 단단한 그 모습은 겨울을 견딘 생명의 용기를 보여줍니다. 잎보다 먼저 피는 들꽃처럼, 봄은 먼저 다가가 말을 거는 계절입니다. 조용히 피어나지만, 가장 먼저 살아 있음을 알려주는 존재들. 봄은, 들꽃처럼 자연의 첫인사를 보여주는 계절입니다.

괭이밥

"이와 같이 너희의 빛이 사람들 앞을 비추어,
그들이 너희의 착한 행실을 보고
하늘에 계신 너희 아버지를 찬양하게 하여라."
마태 5,16

'괭이'는 고양이의 준말이다. '괭이밥'은 고양이 밥이라는 뜻으로, 고양이가 소화가 잘되지 않을 때 뜯어 먹는다고 해서 붙은 이름이다. 그러나 실제로는 고양이가 먹는지는 확실치 않다고 한다. 5~6월에 흔히 볼 수 있는 여러해살이풀이다. 그야말로 햇볕이 드는 곳이면 어디서든 잘 자란다. 그래서인지 어느새 화분이나 텃밭에서 작은 노란 꽃을 피운다.

빛나는 마음

'괭이밥'은 햇빛의 양에 아주 민감한 들풀이다. 햇살이 내리쬐면 잎을 활짝 펴지만, 밤은 물론이고 흐린 날씨에도 잎이 접힌다. 이처럼 주변의 햇빛의 양에 따라 펴지고 접히는 현상을 '수면 운동'이라고 한다. 그래서 '괭이밥'은 햇볕의 양이 풍부할 때만이 제 모습을 온전히 보여준다. 그리고 작은 들꽃은 햇빛을 받아 더욱 빛이 나며 주변을 환하게 밝힌다.

그리고 '괭이밥'은 신맛이 나기 때문에 '시금초'라고도 하는데, 많은 것이 부족했던 어린 시절(지금이야 참살이 식품으로 먹지만)에는 이 잎을 먹기도 했다. 어느날 어머니께서 잠자는 나 모르게, 손톱에 봉숭아 물을 들이셨다. 이때 봉숭아와 함께 짓이겨 사용하신 것이 '괭이밥'이다. 어머니의 익살스러운 행동이었지만, 들풀을 통해 빛난 어머니의 사랑이다.

더불어 어머니의 '빛나는 마음'이다. 빛난다는 것은 순간의 화려함에서 오는 것이 아니다. 어머니와 같은 한결같음에서 온다. '화려함'은 '순간'이요, '빛남'은 '한결같음'이다. 그리고 이는 사람을 더불어 빛나게 한다. '괭이밥'의 노란 꽃이 무리 지을 때 더욱 빛나듯, 한 사람 한 사람의 선한 빛이 모여 세상을 빛나게 한다. 그림자는 이 빛이 있으므로 생기는 것이다.

구슬붕이

"먼 땅에서 온 기쁜 소식은
타는 목에 시원한 물과 같다."
잠언 25,25

우리는 자연과 호흡하기 위해 산이나 들을 찾는다. 하지만 그 속의 작은 생명들은 우리가 알아차리지도 못한 채 사라진다. 그 사라짐이 자연의 순환에 따른 것이 아닌, 우리의 무관심이나 부주의 때문인 경우도 있다. 즉 발밑을 주시하지 않고 걷는 습성 때문에, 작은 들꽃이 무심코 밟혀 꽃도 피기 전에 생을 마감한다. 키 작은 '구슬붕이'도 이와 같은 처지에 있다.

기쁜 소식

'구슬붕이'는 두해살이풀로 우리나라 산지나 들에서 자란다. 해가 잘 비치는 묘지 등지에서도 볼 수 있다. 봄이 지나고 여름 길목인 5~6월에 연한 자주색 꽃이 핀다. 열매가 맺힌 모습이 마치 구슬을 담은 것 같다고 하여 '구슬붕이'라는 이름이 붙었다고 한다. 옛적 산에 올라 양지바른 곳에 누우면, 코끝에 닿을 듯 말 듯 그 내음을 느낄 수 있었던 꽃이다.

그런데 꽃 모양이 미국의 토머스 에디슨(1847~1931)이 발명한 쌍나팔 축음기와 닮은 꼴이다. 소리를 기계장치에 담았다가 재생할 수 있다는 사실을 상상이나 했겠는가. 당시에는 엄청난 사건이었을 것이고, 축음기에서 흘러나오는 소리에 사람들은 감동했을 것이다. 역사적인 발명의 기쁜 소식은 퍼지고 퍼져 오늘에 이른다. 그리고 기쁜 소식은 듣고 또 듣게 된다.

'구슬붕이'의 꽃말은 '기쁜 소식'이다. 우리는 종종 '기쁜 소식'을 먼 곳에서 찾으려 한다. 하지만 때가 되면 피는 한 송이 꽃송이에도 그 소식은 숨어 있다. 늘 만나는 사람도 스쳐가듯 소식을 남긴다. 그중에 '살아있음'이 기쁨이다. 하루하루 선물로 주시는 '살아있음'이 가장 큰 '기쁜 소식'이다. 그리고 이 '기쁜 소식'을 들을 수 있음이 '감사함'이다.

금낭화

"누구든지 내 뒤를 따르려면
자신을 버리고 제 십자가를 지고 나를 따라야 한다.
정녕 자기 목숨을 구하려는 사람은 목숨을 잃을 것이고,
나와 복음 때문에 목숨을 잃는 사람은 목숨을 구할 것이다."

마르 8,34-35

제갈공명은 유비와 함께 떠나는 조자룡에게 3개의 비단 주머니를 주었다. 조자룡은 어려움이 닥칠 때마다 비단 주머니에 있는 비책을 하나씩 꺼내 난관을 해결했다는 고사가 있다. 이른바 3개의 비단 주머니 계책이라고 하는 '금낭묘계(錦囊妙計)'란 고사성어(故事成語)의 유래이다.

당신을 따르겠습니다.

'금낭(錦囊)'은 '비단으로 만든 주머니'라는 뜻으로, 귀중한 물건을 담아 보관하는 데 사용하였다. 곧 소중한 것을 보호하고 간직하는 의미가 있다. 이런 비단 주머니를 닮았다고 해서 금낭화(錦囊花)이다. 여름이 오는 길목 5월. 고개를 숙인 채 피는 금낭화는 그 주머니에 무엇을 담고 있을까?

제갈공명처럼 어려움을 극복할 수 있는 해결책을 담고 있을까? '사랑 주머니'라는 별칭처럼 사랑을 담고 있을까? 아니면 '당신을 따르겠습니다.'라는 꽃말처럼 겸손과 순종을 담고 있을까? 혹시 감춰진 보석과 같은 소중한 기억을 담고 있다가, 하나하나 꺼내며 미소 머금을 수 있도록 주머니를 열어 주지는 않을까?

무엇이 들어 있을까? 줄기 끝에 어긋나게 주렁주렁 달린 작은 주머니를 열어보고 싶은 마음이다. 그러나 때가 되어야 주머니를 열고 열매를 떨군다. 서두르지 않는다. 연약한 이 작은 꽃도 자연의 질서에 순응한다. 참, 멀리 중국에서 건너온 줄 알았는데, 우리나라 산지에서도 자생한다고 한다. 반갑다.

까마중

"진실한 입술은 길이 남지만 거짓된 혀는 한순간뿐이다.
거짓된 입술은 주님께서 역겨워하시고
진실을 행하는 이는 주님께서 기뻐하신다."

잠언 12,19.22

5월에 하얀 꽃이 피고, 9월이면 열매를 맺는 들풀이 있다. 가을철에 맺는 검은 가지색 열매는 꼬맹이들에게 나름 맛있는 간식이다. 열매가 스님 머리를 닮았다 해서 주어진 이름으로 '까마중'이다. 그리고 그 열매를 속 빈 대롱 위에 올린 뒤, 밑에서 불면 공중에 뜬다. 그러면서 누가 오래 불고 있나 내기를 했고, 벌칙은 한 줌 한입에 털어 넣는 것이다. '까마중 놀이'이다.

동심, 단 하나의 진실

우리나라에는 벼와 함께 들어와 자리를 잡았다고 한다. 전국 어디에서든 (마을 길, 산길, 들길) 거침없이 자란다. 그래서인지 이 까마중을 잡초라고 여겨 쉽게 낫을 댄다. 그러나 이름을 모를 뿐이지, 잡초가 아니다. 까마중은 지역에 따라 부르는 이름이 다양한데 가마중, 강태, 깜부라지, 먹딸기, 먹때꽐이라고도 부른다. 잡초란 없다.

"올해도 담장에는 까마중이 지천이지, 입이 새까맣도록 까마중 따 먹었어." (김종태, '까마중') 까마중 열매 따 먹으며 놀이를 즐기는 꼬맹이들을 볼 수가 없다. 아니 까마중이라는 들꽃을 알지도 못할뿐더러, 그 열매는 더더욱 그러하다. 그러니 자연이 주는 즐거움을 느낄 리 만무하다. 자연은 그대로 변함없이 베푸는데, 사람 손길이 그것을 받아들이지 못한다. 아니 잊었다.

까마중 생각에 소꿉동무들 얼굴을 그린다. 까마중 열매를 너무 먹어, 까맣게 된 입술을 바라보며 깔깔대던 모습이다. 이것이 순수하고 맑은 마음 곧 동심이다. 아이들 웃음은 숨김이 없고, 눈물 또한 맑고 투명하다. 아이들에게 좋은 것은 좋고, 나쁜 것은 나쁘다. 회칠하지 않는다. 아이들은 맑은 눈과 마음으로 세상을 있는 그대로 본다. 이것이 진실이다.

깽깽이풀

"네 마음을 다하여 주님을 신뢰하고 너의 예지에는 의지하지 마라.
어떠한 길을 걷든 그분을 알아 모셔라.
그분께서 네 앞길을 곧게 해 주시리라."

잠언 3,5-6

초등학생 시절, 학교 가는 길은 두 갈래였다. 한쪽은 뽕나무밭을 끼고 돌아가는 평탄한 길, 또 한쪽은 산 중턱을 타고 넘어가야 하는 산길. 그리 높지 않은 산이었지만, 꼬마들에게는 제법 숨이 차는 고갯길이다. 그럼에도 굳이 이 길을 넘어 다니곤 했다. 철 따라 피는 꽃을 볼 수 있었고, 오른쪽 밭에는 여러 가지 서릿감이 있었기 때문이다.

* 여러 꽃말 중에 택하였다.

안심하세요*

지금은 개발로 인해서 옛 모습은 볼 수가 없다. 낮은 산지 숲 가장자리에 주로 자라던 한해살이 또는 여러해살이풀들에 대한 기억이 새롭다. 그때는 이름을 몰랐지만, 기억을 더듬어 찾아보니 '깽깽이풀'이다. 이름이 왜 깽깽이풀인지 여러 유래설이 전해진다. 정답은 없는 법, 우리에게는 그냥 '깽깽이풀'이면 된다. 그러고 보니 생각할수록 꽃 이름이 재밌다.

꽃은 이른 봄 3~4월 무렵, 잎이 나오기 전에 보라색 꽃이 한 송이씩 핀다. 그런데 지금은 잘 볼 수 없는 식물이 되었다. 꽃이 너무 이뻐서 사람 손을 타 수명이 단축되고, 뿌리는 약재로 쓰고자 채취당해서란다. 더 심각한 이유는 난개발로 인한 숲의 파괴다. 어릴 적 모습을 그려보면 가장 설득력이 있다. 사람의 욕심 때문에 안심할 수가 없는 현실이다.

여러 이유로 수난을 당해 잘 볼 수 없는 '깽깽이풀'의 꽃말이 '안심하세요.'이다. 그런데 현실은 안심할 수가 없다. 사람의 욕심으로 인해 생태계가 파괴된다. 들풀들이 하나둘 우리 곁을 떠난다. 자생지가 사라지기 때문이다. 들풀들은 이름이 없어도 된다. 그저 그 자리에, 있는 그대로 있게만 해주면 된다. 욕심부리지 않는다. 욕심 없는 마음이 '안심(安心)'이다.

꽃다지

"빈곤한 이의 울부짖음에 귀를 막는 자는
자기가 부르짖을 때에도 대답을 얻지 못한다."
잠언 21,13

봄이 오면 온 들판이 노란 들꽃으로 뒤덮인다 해도 지나친 말이 아니다. 그 중에 3~5월 냉이와 자리다툼을 하는 들꽃이 있다. 바로 '꽃다지'이다. 그런데 '꽃다지'에게 고마운 존재가 있다. 바로 나물 캐는 여인의 손길이다. 봄나물의 으뜸이라 할 수 있는 냉이는 뽑혀 나가지만, '꽃다지'는 살아남기 때문이다. 꽃다지의 생존 전략인지도 모른다. 그런데 이름이 참 곱다.

무관심

'꽃다지'는 두해살이풀로 우리나라 들판 어느 곳이든 잘 자란다. 햇빛이 드는 곳이면 흙의 조건과는 상관없이 꽃이 핀다. 그래서인지 생명력도 강하다. 아직 찬 기운이 남아있는 이른 봄에 꽃을 피운다. 성급해도 너무 성급하다. 그래서 '꽃다지'란 이름 속에 봄에 가장 먼저 꽃을 피운다는 뜻 ('다지'가 오이나 가지의 맨 처음 틔우는 꽃을 뜻하듯)을 담고 있는가보다.

그런데 냉이를 캐는 여인에게 '꽃다지'는 무관심의 대상이다. 오로지 입맛을 돋우는 냉이 나물의 향기에만 관심이 있다. 심지어 이 관심은 욕심이 되기도 한다. 이는 사람에 대한 마음도 다를 바 없다. 관심이 있을 때 서로 대화하고 관계를 맺으며 살아간다. 이는 긍정적인 '공동체'가 되기도 하지만, '패거리'가 되어 문제를 일으키기도 한다.

'꽃다지'는 관심 받고 싶어 냉이와 무리 지어 피는지 도 모른다. 마찬가지로 우리 사람도 무리 지어 산다. 그 가운데서 누구나 차별 없이 관심받는 존재이어야 한다. '꽃다지'와 냉이를 구분하듯 차별해서는 안 된다. '무관심'이란 꽃말은 '관심'을 가져달라는 꽃다지 아니 소외된 사람들의 목소리이다. 차이를 존중하며 관심을 가질 때, 그 무리는 아름답다.

꽃마리

"여인이 제 젖먹이를 잊을 수 있느냐?
제 몸에서 난 아기를 가엾이 여기지 않을 수 있느냐?
설령 여인들은 잊는다 하더라도 나는 너를 잊지 않는다."
이사 49,15

정원을 가꾸다 보면, 여름 내내 땀을 흘려야만 하는 일이 있다. 바로 이름 모를 풀 뽑기이다. 이 풀들도 생명력이 있어 다른 화초들과 경쟁한다. 그러던 어느날 갈퀴손을 멈추어야만 했다. 돌 틈 사이로 눈에 띌 듯 말 듯한 꽃이 보였다. 허리를 굽혀 한참을 보았다. 작아도 너무 작은 꽃이다. 바로 '꽃마리'다.

나를 잊지 마세요

꽃마리, 그 이름 참 예쁘다. 그러고 보니 마당 한구석 들이나 밭둑 어디서건 늘 피는데, 사람 눈에 잘 띄지 않는다. 심지어 뽑혀 나가기 일쑤다. 그런데도 나름 생존방식을 터득해 이른 봄 그 자리 또는 가미의 도움을 받아 다른 곳으로 옮겨 꽃을 피운다. 이렇게 소박한 자연의 일부는 함께 살아간다.

꽃마리는 작아도 꽃으로서 갖출 것은 다 갖추었다. 꽃을 피우고 열매를 내는 데 부족함이 없다. 그럼에도 사람들은 변변치 못한 조그만 꽃으로 여긴다. 화려하거나 널리 알려진 꽃은 아니지만, 자연이 빚어낸 섬세함과 조화로움이 담겨 있다. 오히려 영장이라고 하는 사람이 그 자연의 조화로움을 깨트린다.

꽃마리는 하늘색을 띄지만, 작아서 지나치기 쉽다. 허리를 숙이고 눈 맞춤해야 한다. 그때 꽃마리는 '나를 잊지 마세요.' 하고 말을 건넨다. 이처럼 꽃마리는 작은 꽃들이 모여 자신들의 존재를 드러낸다. 우리네 일상도 작은 소소함이 모여 삶으로 꾸려진다. 이렇게 꾸려지는 삶은 참 소중하다. 절대로 잊히지 않는다.

냉이

"네 마음을 다하고 네 목숨을 다하고 네 정신을 다하여
주 너의 하느님을 사랑해야 한다."
마태 22,37

퍼주고도 다시 우러나는 국물 같은
냉이의 꽃말에
바람도 슬쩍 비껴가는 들,
온 들에 냉이가 돋아야 봄이다.
봄이라도

냉이가 물어주는 밥상머리 안부를
듣고서야
온전히 봄이다.
(김승해 詩, '냉이의 꽃말' 중)

* '새색시'라는 꽃말은 취하지 않았다.
** '경계나 사이'를 뜻한다. 여기서는 겨울과 봄이 만나는 경계,
즉 환절기를 의미한다.
*** 이근배 시인 '냉이'에 대한 윤석산 시인의 시평 중.

나의 모든 것을 바칩니다

'냉이'는 겨울에서 봄으로 이어지는 그 '어름'**에 돋아난다. 그래서 아직은 겨울 기운이 다 하지 않은, 또 봄도 성큼 다가오지 않은 겨울과 봄의 그 어름에 돋아나 피는 꽃. 그래서 냉이는 여리고 여리지만, 겨울 기운의 쌉쌀함과 봄기운의 알싸함을 모두 지니고 있다.***

텃밭에서 '냉이'를 캐시던 어머니의 모습은 볼 수 없지만, 겨울과 봄의 '어름'이 오면 맛은 어김없이 돋아난다. 어린 시절 아련한 그리움이 한 소쿠리 가득 담겨 다가온다. 그 그리움이 향기 가득 흰 꽃으로 피어난다. 그러나 성급한 사람은 이 꽃을 볼 수 없다.

냉이는 사람에게 유용한 식물이지만, 입맛에 따른 무분별한 채취는 생태계에 영향을 미친다. '퍼주고도 다시 우러나는 국물'처럼 모든 것을 내어주는 '냉이'지만, '조금만, 필요한 만큼만'을 지켜야 한다. 그렇게 하지 않으면, 우리 곁을 떠날 수 있는 식물이다.

계절이 바뀌면 '냉이'는 어김없이 우리 곁을 찾아온다. 누군가의 식탁에 오르기도 하고, 다른 생명체에 도움이 되기도 한다. '냉이'는 자연의 순환 고리 안에서 그저 자기 몫을 다하는 것이다. 이처럼 자신의 자리에서 그 몫을 다하는 것, 그것이 '바침'이다.

노루귀

"환난은 인내를 자아내고 인내는 수양을, 수양은 희망을 자아냅니다.
그리고 희망은 우리를 부끄럽게 하지 않습니다."
로마 5,3ㄴ-5ㄱ

"우리는 보이지 않는 것을 희망하기에 인내심을 가지고 기다립니다."
로마 8,25

4월 초순 속리산 산기슭. 아직은 찬 기운이 얼굴을 스친다.
봄이 시작하였다고는 하지만, 햇볕이 들지 않는 그늘진 곳에서는 옷깃을 여며야 한다. 비탈진 숲길을 조심스레 걷는다. 봄소식을 알리는 꽃을 찾던 발길을 멈추었다. 습하고 그늘진 곳에서 보라색 꽃을 발견했다. 노루귀꽃이다.

희망, 인내

노루귀라는 이름이 생소하면서도 귀엽다. 노루의 귀를 닮았기 때문에 노루귀라는 이름이 붙었다. 그리고 노루가 체질 환경 때문에 겨울철에도 양지보다 음지를 찾아 생활하듯, 노루귀도 대부분 음지에서 꽃을 피운다. 이처럼 모양에 따른 이름뿐 아니라, 서식 환경에서도 식물과 동물의 조화를 알 수 있다.

노루귀꽃은 겨울이 지나고 얼어붙었던 산기슭이 조금씩 따뜻한 기운을 받을 즈음, 먼저 봄을 알리는 꽃이다. 그래서 봄의 전령사라고도 하는가 보다. 여러해살이 식물은 봄에 꽃을 피우기 위해서는 추운 겨울을 이겨내야만 한다. 겨울은 봄을 향한 희망을 꿈꾸는 시기이다.

이른 봄에 만난 노루귀의 작은 꽃을 통해서 갈마드는 계절의 변화를 본다. 겨울의 눈발을 이겨내지 못하면 봄을 맞이할 수 없다. 봄을 향한 희망도 그릴 수 없다. 겨울이 있기에 봄이 그리운 것이다. 그래서 사람들은 겨울을 시련에 비유한다. 이 시련을 이겨내야 봄의 기쁨을 맛볼 수 있다.

작은 노루귀꽃이 가슴 한편에 봄기운의 따뜻함을 담아주었다. 단순한 꽃을 넘어 따뜻함을 주는 삶의 소중함을 알려주었다. 살아온 세월만큼 이웃에게 따뜻한 존재로 희망을 주었는지도 돌아본다. 이것이 자연이 주는 소중함이다. 내년 봄에는 하얀색과 분홍색 노루귀꽃도 만나보야겠다.

달래

"흠 없이 걸어가고 의로운 일을 하며 마음속으로 진실을 말하는 이,
혀로 비방하러 쏘다니지 않고 제 친구에게 악을 행하지 않으며
제 이웃에게 모욕을 주지 않는 이라네."

시편 15,2-3

"아버지는 나귀 타고 장에 가시고
할머니는 건너 마을 아저씨 댁에
고추 먹고 맴맴 달래 먹고 맴맴" ('맴맴' 중)

윤석중 작사, 박태준 작곡으로, 어릴 적 친근하게 불렀던 동요이다. 물론 순수 창작곡이 아니라, 이전부터 내려오던 동요를 발굴해 다듬었다고 한다.

청렴, 신념

'달래'는 여러해살이풀로, 냉이와 함께 겨울이 가고 봄이 오는 '어름'에 들이나 밭두렁에서 뭉쳐난다. '달래'는 이때 계절이 바뀌었음을 알려 준다. 그러면 농부들의 손길은 농사 채비하느라 바빠진다. 꽃은 봄에서 초여름 사이에 피며, 연한 분홍색 또는 보랏빛을 띤다. 작은 꽃들이 둥글게 모여 피어나며, 한 송이 한 송이가 제각각 빛을 발한다.

'달래'는 추위와 더위를 잘 견디는 강한 생명력을 가진 식물이라, 계절이 바뀌어도 다시 성장할 수 있다. 특히 여름철에는 지상부가 말라 없어지지만, 땅속의 알뿌리는 살아남아 가을이 되면 다시 싹을 틔운다. 그래서 달래는 다른 식물과 달리 일 년에 두 번 채취할 수 있다고 한다. 하지만, 꽃만은 한 번 핀다. 가을 달래는 생장 기간이 짧아 꽃까지는 피우지 못한다.

달래는 군더더기 없이 맑은 향을 지니고 있다. 똑 쏘는 듯하지만, 은은한 여운이 남는 향이다. 마치 청렴한 사람이 풍기는 기품과도 같다. 본질에서 우러나오는 맑고 청렴한 사람은 결코 자신을 포장하지 않는다. 오히려 묵묵히 자리한 정직한 존재의 향기가 주변을 정화한다. 그리고 이 청렴은 바로 신념에서 나온다. 신념(信念)은 청렴(淸廉)을 지탱하는 덕(德)이다.

돌나물

"아무리 바랄지라도 게으름뱅이의 갈망은 헛되지만
부지런한 이의 갈망은 충족된다."

잠언 13,4

대부분 식물의 잎은 엽록소 때문에 초록색을 띤다. 그리고 꽃은 곤충 등을 유인하기 위해 눈에 띄는 색상을 띤다. 잎과 꽃의 색이 대조적일수록 강한 신호를 전달하기 때문이다. 그런데 돌나물의 잎과 꽃은 그리 대조적이 아니다. 연두색 도화지 위에 노란 연둣빛의 별들이 떨어진 것처럼 빛난다. 돌나물은 잎과 꽃이 조화를 이루면서도 충분히 수분 매개체를 유인할 수 있다.

근면

여러해살이풀인 돌나물(돈나물)은 5~6월에 노란 연둣빛 꽃이 핀다. 그런데 사람들은 꽃이 피기 시작하면 줄기와 잎이 질겨진다는 것을 알고 있다. 그래서 꽃이 피기 전 이른 봄, 김치를 담그거나 어린 순을 나물로 무쳐 먹는다. 봄철 사람의 입맛 때문에 이 꽃을 쉽사리 볼 수가 없다. 나물로 뜯는 시기와 꽃을 피우기 전의 시기가 겹치기 때문이다.

돌나물이 자라는 곳은 대개 척박한 환경이다. 물 한 방울 없을 것 같은 바위틈새나 건조한 길가, 심지어 구석진 곳 어디서든 자리 잡는다. 어떤 환경에서도 포기하지 않고 꿋꿋하게 자란다. 그래서인지 돌나물의 꽃말인 '근면'이 나름 잘 어울린다. '근면'은 단순히 부지런함만을 뜻하지 않는다. 삶의 어려움을 이겨내는 강인함과 끈기, 여기에 겸손함을 담고 있다.

봄철 입맛 돋우는 나물로만 돌나물에 관심을 둔다. 그러나 돌나물이 시간을 견디고 환경을 극복한 뒤에 꽃을 피운다는 사실은 깨닫지 못한다. 매일의 작은 노력과 꾸준함이 쌓여 결국 진정한 삶의 꽃을 피울 수 있다. 작고 평범한 삶이라 해도 그 안에 담긴 힘과 의지는 결코 작은 것이 아니다. 이것이 근면한 삶의 진정한 꽃이라 할 수 있다.

돌단풍

"우리는 희망으로 구원을 받았습니다.
보이는 것을 희망하는 것은 희망이 아닙니다.
보이는 것을 누가 희망합니까?
우리는 보이지 않는 것을 희망하기에 인내심을 가지고 기다립니다."

로마 8,24-25

성당 주변 돌 틈 사이로 하얀 꽃망울이 눈에 들어왔다. 무엇이 그리 급한지 잎도 나기 전에 불쑥 인사한다. 뒤이어 푸른 잎이 비집고 나온다. 척박하기 그지없는 돌 틈 사이에서 자신이 살아있음을 알린다. 꽃은 흰색인데 엷은 홍색을 입었다. 그 색깔이 진한 회색 돌과 대비되어 도드라진다.

생명력, 희망

잎은 손바닥 모양으로 단풍잎과 비슷하다. 바위틈에서 나는 단풍나무 같다고 해서 돌단풍이라고 한다. 여러해살이 야생화가 대부분 그렇지만, 돌단풍은 다른 식물이 자라기 쉽지 않은 곳에서 뿌리를 내리고 꽃을 피운다. 그러면서도 있는 듯 없는 듯 주변과 조화를 이루며, 가을 문턱까지 그 생명력을 유지한다.

식물은 그 이름에 따른 이야기를 담고 있다. 그리고 그 이름은 사색의 공간을 열어 준다. 한 계절 피었다 지는 돌단풍이지만, 또 다른 사고의 여백을 마련해 주었다. 힘들고 지치기 쉬운 우리에게 희망을 이 여백에 담아 준다. 그리고선 자신은 머리를 숙인다. 또한 더욱 풍성하게 다가올 것임을 약속한다.

이렇게 돌단풍과 눈 맞춤하고 있는데, 주변 이름 모를 풀들이 돌단풍을 시샘한다. 그 사이로 다른 꽃이 자신도 알아 달라고 미소를 보낸다. 하기야 모든 식물이 생명력을 유지하며 피고 지거늘, 돌단풍만 있어야 하겠는가. 꽃은 자신의 존재를 통해서 계절의 변화를 알려준다. 다만 사람이 무심히 지나칠 뿐이다.

민들레

"말이든 행동이든 무엇이나 주 예수님의 이름으로 하면서,
그분을 통하여 하느님 아버지께 감사를 드리십시오."

콜로 3,17

노아의 대홍수 때 온 세상이 물에 잠기자(창세 7,6-24 참조), 민들레도 꼼짝 없이 목숨을 잃을 지경에 이르렀다. 민들레는 너무 두려워 그만 머리가 하얗게 세어 버렸다. 민들레는 하느님께 간절한 기도를 드렸다. 이에 하느님은 민들레 씨앗을 바람에 날려 양지바른 언덕에 사뿐히 내려놓으셨다. 민들레는 봄이 오면, 하늘을 우러러 하느님께 감사하며 웃는다.

* 민들레는 색깔에 따른 꽃말이 따로 있다. 여기서는
흰 민들레의 꽃말도 취했다.
** 장미(rose)처럼 잎이 동그랗게 배열되어 있다고
하여 로제트라는 이름이 붙었다.

감사하는 마음,
내 사랑 그대에게 드립니다*

'민들레'는 우리나라 산과 들에 흔히 자라는 여러해살이풀이다. 겨울에는 로제트** 상태로 월동하다가, 보통 4~5월에 노란 꽃이 핀다. 하지만 서양민들레는 가을까지도 핀다. '민들레'의 씨앗에는 솜털이 달려 있어 바람을 타고 날아서 퍼질 수 있다. 한 개의 씨앗에는 하얀 실 모양 갓털과 약 100가닥의 솜털이 달려 있다.

어릴 적, 민들레 홀씨를 불어본 경험이 있다. 바람을 타고 날아다니는 새하얀 홀씨가 많은 사람의 감수성을 자극하기도 한다. 그래서 문학이나 노래 가사에도 자주 등장한다. 바람 타고 나는 새하얀 홀씨에 사랑을 실어 보낸다. "바람결에 스쳐 갈까/내 마음에 심어질까/너에게 주고만 싶어요/사랑을 말하고 싶어/사랑해요 그대 "(우효 작사·작곡, '민들레' 중)

'민들레'는 어디서든 피어난다. 척박한 땅에도, 사람들이 무심코 밟고 지나가는 길에도 아랑곳하지 않고 꽃을 피운다. 그리고 때가 되면 하얀 씨앗으로 변해 바람을 타고 멀리 떠난다. 그 옛날처럼 누군가에게 또 다시 웃음 담은 사랑을 전하기 위해, 감사의 말을 전하기 위해. "내 사랑, 그대에게 드립니다. 그리고 감사합니다."

바위취

"아버지께서 나를 사랑하신 것처럼 나도 너희를 사랑하였다.
너희는 내 사랑 안에 머물러라.
내가 내 아버지의 계명을 지켜 그분의 사랑 안에 머무르는 것처럼,
너희도 내 계명을 지키면 내 사랑 안에 머무를 것이다."

요한 15,9-10

장난꾸러기 요정이 몇 개의 별을 숲속 돌 틈에 숨겨 놓았단다. 요정의 마법에 걸린 별들은 하늘로 올라가고자 애를 썼으나, 도저히 돌아갈 수 없었다. 모든 것을 체념한 별들은 돌 틈새에 뿌리를 내리고 꽃을 피웠다. 하지만 바위틈은 그늘지고 축축하며 척박한 땅이다. 그래서 '바위취'라고 한다.

절실한 사랑

바위틈에서 핀 작은 꽃이라 눈에 잘 띄지 않는다. 하얀 꽃잎이 노란 꽃술과 어울려 작은 별처럼 빛난다. 단단하고 차가운 바위와 연약한 꽃이 만나 서로 조화를 이룬다. 그리고 해마다 이 조화를 깨트리지 않고 늘 그 자리에 다시금 꽃을 피운다. 갈수록 별들은 늘어난다. 이 별들이 따뜻하다.

바위취의 꽃말은 '절실한 사랑'이다, 이는 돌 틈에서 자라는 바위취의 생명력이 마치 어려운 상황 속에서도 사랑의 가치가 빛나는 것과 같다. 그래서 사랑의 깊이와 간절함을 상징하는 꽃으로 여겨지는가 보다. 지나치기 쉬운 작은 꽃이지만 별처럼 눈에 들어온다. 차가운 가슴에 따뜻한 별빛이 내려앉는다.

이렇게 바위취를 눈에 담으며, 삶의 바위 틈새를 생각해 본다. 삶에서 바위 틈은 누구에게나 존재한다. 파도처럼 다가오는 여러 문제와 역경, 그리고 실패의 순간들이 바로 그것이다. 그러나 절실한 마음으로 그 틈새를 버티고 이겨낸다면, 반드시 열매를 맺는다. 이 열매는 그 무엇보다도 향기 머금은 사랑이다.

벼룩나물

"좋은 소식을 전하는 이, 평화를 알리는 이,
행복의 소식을 전하는 이, 구원을 선포하는 이.
얼마나 아름다운가!"
이사 52,7 참조

우리네 봄 들녘은 참살이(웰빙) 식물로 넘쳐난다. 겨우내 얼었던 땅이 봄기운과 함께 생명력을 되찾는다. 이처럼 되살아남을 알려주는 식물이 바로 봄나물이다. 생동하는 이 들녘에서 어머니는 자연의 은혜를 온전히 누리셨다. 그리고 이를 나물무침을 통해서 나누어 주셨다. 그러시면서 봄 들녘에서 나는 풀은 웬만하면 먹을 수 있다고 말씀하셨다.

기쁜 소식

이름조차 알지 못했던 풀, 곧 '벼룩나물(벌금자리)'이 어머니의 손길을 만나 별미로 다가왔다. 벼룩나물은 벼를 베어내고 물을 뺀 가을에 싹이 튼다. 그리고 추운 겨울을 이겨내고 벼가 자라기 전 4~5월에 흰 꽃이 핀다. 이렇게 두해살이가 되어 한살이를 마치며, 자연이 순환하고 있음을 알린다. 그래서 벼룩나물의 꽃말이 '기쁜 소식'인가 보다.

고단하지만 소박한 삶 속에서 봄 들녘은 생동하는 기운을 알려준다. 봄나물을 뜯는 여인들은 자연이 주는 선물을 발견하며 기쁨을 누렸다. 단순히 허기를 달래고자 함이 아니라, 봄날의 따뜻함과 희망 그리고 기쁨을 나누었다. 이처럼 여인들 바구니에 한가득 담겨 있는 벼룩나물은 기쁨이 된다. 그리고 이 기쁨은 어머니의 손맛을 타고 입에서 입으로 전해진다.

벼룩나물의 작은 꽃들이 하나둘 무리 지어 피듯이, 기쁨은 소소한 곳에서 그 망울을 터뜨린다. 기쁨은 늘 우리 곁에 있다. 누군가의 따뜻한 미소를 보고, 예기치 않은 감사의 말을 듣고, 반가운 사람을 만났을 때 기쁨이다. 이 기쁨은 저절로 소식이 되어 퍼지며 주변을 환하게 변화시킨다. 그래서 소식은 기뻐야 한다. '기쁜 소식' 곧 '복음'이다.

별꽃

"'어째서 옛날이 지금보다 좋았는가?' 묻지 마라.
그런 질문을 하는 것은 지혜롭지 못하다."

코헬 7,10

들꽃의 이름에는 자연의 질서, 계절의 변화 그리고 사람의 상상력까지 녹아 있다. 들꽃은 하늘의 모습을 알려주고, 벌과 새와 나비를 부른다. 어떤 꽃은 전설과 함께 피어서 사랑과 기다림의 상징이 되기도 한다. 들꽃은 스스로가 빛나려고 애쓰지 않는다. 그저 자연의 흐름과 함께 피어나고 존재하는 것만으로도 그 가치를 증명한다. '별꽃'이 그렇다.

추억

'별꽃'은 5~6월에 밭이나 길가 우리나라 어디서든 핀다. 두해살이풀이다. 농부들에게는 좀 성가신 풀이기도 하다. 키가 작아 그냥 지나치기 쉽다. 허리를 굽혀 작은 꽃을 보면, 꽃잎은 다섯 장인데 각각 끝이 갈라져 있음을 알 수 있다. 꽃잎 수를 두 배로 보이도록 하여 곤충을 유인하기 위한 전략이다. 이렇게 자신은 움직일 수 없지만 곤충의 도움으로 씨를 퍼뜨린다.

계절이 바뀌거나 꽃이 피면, 잊고 있던 기억들이 떠오를 때가 있다. 그 기억이 입가에 미소를 머금게 하면 '추억'이고, 그렇지 않으면 아픈 기억 곧 '상처'이다. '추억'은 살아가는데 힘이 되고, 때론 어려움을 이겨 내는 원동력이 되기도 한다. '상처'는 방치하거나 억누르지 말고, 따뜻한 마음으로 바라보면서 스스로 치유해야 한다.

'추억'이든 '상처'든 지난날 삶의 흔적이다. 지난날의 흔적이 지금 그리고 앞으로의 시간을 흔들어선 안 된다. 매 순간이 지나고 나면 지난날이 된다. 그 순간이 '추억'이 되고 '상처'가 되는 것은, 자신이 어떻게 삶을 다스렸느냐에 달렸다. 지금, '추억'은 간직하고 '상처'는 보듬어야 한다. '별꽃'처럼 두 배로 빛나는 '추억'의 나날이 될 수 있도록 삶의 지혜를 심자.

씀바귀꽃

"여러분은 진리에 순종함으로써 영혼이 깨끗해져
진실한 형제애를 실천하게 되었으니,
깨끗한 마음으로 서로 한결같이 사랑하십시오."

1베드 1,22

그리 넉넉하지 않은 시절, 늦은 봄. 학교에서 돌아오면 자연스레 책 보따리는 마루에 던졌다. 다시는 공부하지 않을 것처럼 말이다. 그리곤 지칠 줄 모르고 동무들과 놀기에 진심이었다. 놀다 지쳐 허기가 지면 꾀죄죄한 몰골로 돌아왔다. 그럴 때면 어머니는 오이냉국과 함께 보리밥에 나물을 넣고 썩썩 비벼주셨다. 쓴맛과 단맛이 입안을 채운다. 이는 곧 어머니의 사랑이 녹아든 맛이다.

헌신, 순박

'쓴 바귀'라고 해서 씀바귀이다. 나물로도 먹고, 된장국에 넣어 먹기도 한다. 지금이야 살림살이가 넉넉해졌지만, 어려운 시절에는 자연이 무상으로 주는 먹거리 선물이었다. 해서 봄철이면 씀바귀를 채취하는 모습을 흔하게 볼 수 있었다. 하지만 어머니는 이런 수고를 덜 하시고자 아예 텃밭 모퉁이에 재배하셨다. 그러나 뿌리째 캐지는 않으셨다. 씀바귀가 여러해살이 식물임을 알고 계셨기 때문이다.

우리나라 어디서든 볼 수 있는 씀바귀는, 봄철이면 느란 꽃이 핀다. 물론 흰 꽃도 있다곤 하지만 흔하지 않다. 씀바귀꽃을 보고 있노라면 꾸밈도 없다. 화장기 없는 여인 얼굴처럼 순박하다. 스쳐 지나갈 수 있는 작은 꽃이지만, 모둠으로 피어있으면서 벌과 나비들을 유인한다. 이로써 꽃가루를 옮기게 하며, 식물의 수분을 돕고 생태계를 유지하는 역할을 한다. 그래서 꽃말이 '헌신'과 '순박'인가 보다.

앵초

"젊은이야, 네 젊은 시절에 즐기고
젊음의 날에 네 마음이 너를 기쁘게 하도록 하여라.
그리고 네 마음이 … 이끄는 대로 가거라.
네 마음에서 근심을 떨쳐 버리고 네 몸에서 고통을 흘려 버려라."

코헬 11,9-10

사제관과 성당 주변에 정원을 꾸몄다.
봄부터 가을까지 계절별로 이 꽃 저 꽃 나름대로 구색 갖추어 야생화를 심었다. 그때 풀섶에 핀 야생화를 찍은 사진 한 장이 눈길을 사로잡았다. '앵초'라는 꽃이었다. 마치 앵두나무꽃처럼 생겼다고 앵초라고 부른단다.

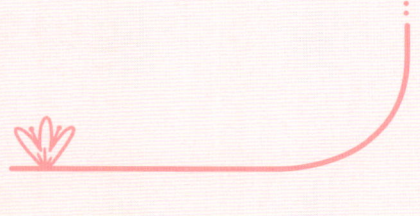

젊은 날의 고뇌,
행복의 열쇠

4월부터 7월까지 피는 꽃이라 초봄에 옮겨 심었다. 내 욕심에 꽃을 피우지 못하는 것은 아닌지, 미안한 마음이 들었다. 그래서 곁을 지날 때마다 발길을 붙잡는다. 언제나 꽃이 피려나 쪼그리고 앉아 눈을 맞추었다. 때가 되면 필 꽃인데도 마음은 한껏 들떠 있다.

심지 않은 이름 모를 풀들이 화단을 채웠다. 풀을 뽑다 야생화까지 다칠세라 손길이 더디다. 순간 풀을 뽑던 손을 멈추어야 했다. 기다리던 앵초꽃이 수줍은 듯 붉은빛으로 눈 맞춤 한다. 자세히 보니 작으면서도 갖출 것은 다 갖추었다. 깜찍하다. 흔한 표현으로 앙증맞다.

젊음이나 행복과 관련한 의미를 담은 앵초의 꽃말을 누가 지었을까? 모르겠다. 하지만 누구나 젊은 시절은 있다. 그때마다 나름대로 고뇌한다. 그것이 성숙의 과정이니까. 그 과정을 겪지 않고서는 행복도 보장받을 수 없다. 이것은 꽃말이 아니라도 안다. 그저 좋다.

은방울꽃

"행복하여라, 죄를 용서받고
잘못이 덮인 이!
행복하여라, 주님께서
허물을 헤아리지 않으시고 그 얼에 거짓이 없는 사람!"

시편 32,1-2

5월, 그리 넓지 않은 성모 동산 주변에 장미꽃이 제철을 만났다. 장미 넝쿨 사이로 작은 꽃이 눈에 들어왔다. 살짝 그늘진 곳에 하얀빛이 난다. 방울이 주렁주렁 달린 듯하다. 은방울꽃이다. 방울 소리가 향기로 나는 꽃이란다. 잎도 예쁘고, 꽃도 예쁘다. 흰 꽃이 '순결'이라는 꽃말과 잘 어울린다.

순결,
다시 찾은 행복

꽃 모양이 은방울과 비슷해서 은방울꽃이라고 한다. 그런데 그 누군가는 이 꽃을 보고 은방울을 만들었을 것이라 했다. 설득력이 있다. 왜냐하면 자연이 사람보다 먼저 자리하고 있었으니 말이다. 그래서 자연은 사람에게 많은 영감을 주는가 보다. 이 영감이 은방울꽃이 주는 진정한 향기이다.

은방울꽃은 봄에 다소곳이 얼굴을 내밀었다가, 삼복더위 7월에 붉은 열매를 떨구고 자연스레 자취를 감춘다. 은방울꽃은 작지만, 갈마드는 계절의 변화 속에 순응하며 조용히 존재감을 드러낸다. 자신이 꽃피웠던 기간은 짧지만, 사람에게 행복한 미소를 머금게 한다. 이것이 자연의 겸손함이다.

은방울꽃은 단지 꽃으로만 다가온 것이 아니다. 자연이 늘 그렇듯이 우리에겐 작은 선물이며, 그 향기는 늘 새롭다. 해마다 돋이면 은방울꽃은 또 그 자리에서 만난다. 이 만남은 한층 풍요롭다. 다시 한 번 삶의 소중함과 함께 행복한 향기를 품는다. 그리고 그 향기와 방울 소리 속에서, 작은 기쁨을 찾는다.

제비꽃

"하느님께 선택된 사람, 거룩한 사람, 사랑받는 사람답게
마음에서 우러나오는 동정과 호의와
겸손과 온유와 인내를 입으십시오."

콜로 3,12

길은 가다 보면 자그마한 꽃이 눈에 들어온다.
이곳저곳, 하나인가 하고 보면 둘, 좀 더 가다 보면 한 모둠 피었다. 심지어 길가 작은 틈새에서도 머리를 내밀었다. 행여나 밟을까 은근히 걱정된다. 제비꽃이다. 정겹고 반갑다.

* 여러 꽃말 중에서 택하였다.

겸손, 인내*

제비꽃, 그야말로 여기저기 가리지 않고 아니 피는데 없이 핀다. 그늘진 곳, 햇빛이 잘 드는 곳, 장소를 가지지 않는다. 탓하지도 않는다. 심지어 돌 틈새 척박한 곳에서도 꿋꿋이 꽃을 피운다. 사람 발길을 무서워하지도 않는다. 참 강인하다.

바람에 꽃씨를 날리기도 하고, 개미가 물어다 놓기도 한다. 그것도 안심이 안 되는지 뿌리로도 자리를 넓힌다. 봄이 오면 어김없이 새로운 꽃을 피운다. 해마다 주변 환경이 바뀌는데도 그 생명력을 유지한다. 환경을 탓하지 않는다.

제비꽃은 작은 키에도 불구하고, 그 색감이나 모양새에서 소박한 아름다움을 발산한다. 보라색, 흰색, 노란색 등 다양한 색깔의 꽃잎은 주변과 조화를 이룬다. 작지만, 자신도 자연의 한 부분임을 뽐낸다. 주변과 어울릴 줄 안다.

제비꽃은 키가 작기도 하지만, 땅 기운을 느끼며 자란다. 높고 크게 자라는 꽃들 속에서 부러워하지 않고, 눈에 띌 듯 말듯 제자리를 지킨다. 그래서 제비꽃을 유심히 볼라치면, 몸을 낮추어야 한다. 허리를 구부려야 한다. 겸손하라 한다.

지치

"밀알 하나가 땅에 떨어져 죽지 않으면 한 알 그대로 남고,
죽으면 많은 열매를 맺는다."
요한 12,24

들풀은 계절의 순환, 곧 갈마듦을 어김없이 알려준다. 이 과정에서 한해살이든 두해살이든 아니면 여러해살이든 들풀은 자신의 역할을 한다. 이 역할은 작은 행보지만 자연의 연결고리가 살아 있게 한다. 그리고 들풀은 사람에게 많은 혜택을 준다. 봄철 사람의 입맛을 돋우는 나물이 되기도 하고, 어떤 때는 약재로도 사용된다. 심지어 천연물감의 재료로 사용한다.

희생

이런 들풀 중 '지치'는 옛날부터 옷감에 자주색 물을 들일 때 사용했다. 여러해살이풀인 '지치'는 자주색 풀이라는 뜻으로 '자초(紫草)'라고도 한다. '지치'는 산과 들의 풀밭에서 자라며, 5~6월에 흰색 꽃이 핀다. 뿌리가 자주색이어서 자주색 염료로 사용했다. 이와 더불어 쪽, 홍화, 소목, 치자 등도 있다. 이런 식물들이 사람의 손길을 만나 아름다운 천연색을 발한다.

'지치'는 다른 들풀과 달리 사람의 지혜에 온전히 녹아든다. 본래의 모습은 없어지지만, 다른 자연재(自然材)에 새로운 옷을 입힌다. '지치'는 스며들고 아름다운 천연의 빛으로 살아난다. 그리고 오랜 세월 동안 사람들에게 무상의 선물이 되어 왔다. 여기서 '희생'이 '지치'의 꽃말로 새로운 빛을 낸다. 산과 들에 숨을 듯 자라는 '지치'라는 들꽃이 주는 천연의 울림이다.

희생은 단지 자신을 낮추는 것이 아니다. 그것은 더 큰 사랑과 가치를 위해 기꺼이 내어주는 선택이다. 그리고 새로움이다. 새로운 생명을 낳고, 빛과 색을 불어넣으며, 존재의 의미를 더욱 풍성하게 한다. 희생은 시간일 수도 있고, 물질일 수도 있으며, 마음일 수도 있다. 희생은 품는 것이 아니라, 내어주는 것이다. 희생은 움직임이다.

흰 안개꽃

"행복하여라, 마음이 깨끗한 사람들! 그들은 하느님을 볼 것이다."
마태 5,8

안개꽃을 유난히 좋아한다. 그중에서도 때 묻지 않은 '흰 안개꽃'이 좋다. 그래서 누가 무슨 꽃이 좋으냐고 물으면, 즉시 '안개꽃'이라 답한다.

안개꽃을 '꽃'으로 만난 것은 1987년 8월 여름으로 기억한다.
처음 부강 성당 주임신부로 부임해서 8월 성모승천대축일 미사를 준비해야 했다. 그런데 당시 시골 본당이라 수도자는 말할 것 없고 꽃꽂이할 사람이 없었다. 어떻게든 성당 제대 주변을 장식해야 하는데 난감했다.

맑은 마음, 깨끗한 마음

궁리 끝에 생각난 것이 안개꽃이다. 청주 시내 서운동 본당 보좌신부로 있을 때 제대를 꾸민 꽃이 안개꽃이었기 때문이다. 부랴부랴 청주 육거리 꽃시장에 가서 흰 안개꽃을 대중없이 샀다. 참 많이도 샀던 기억이 있다. 거기에다 본 것은 있어서, 빨간 장미도 몇 송이 샀다. 그리고 나름대로 제대 주변에 꽃꽂이했다. 아니 그냥 깔았다고 해야 옳다. 더불어 빨간 장미도 구색 갖추어 꽂았다.

그런데 괜찮아 보였다. 구색을 갖추기 위해 빨간 장미를 꽂았는데 오히려 더 도드라져 보였다. 흰 안개꽃 속에 빨간 장미가 제 빛을 발한다. 조그만 흰 꽃송이들이 제대 주변을 환하게 밝혀 주면서도 자신은 숨을 죽인다. 그리고 몇 송이 안 되는 빨간 장미를 빛나게 한다.

이렇게 처음 만난 흰 안개꽃은 꽃말처럼 '맑고 깨끗한 마음'을 불러 일으켰다. 그때 필요에 의해 만난 흰 안개꽃이지만, 빛바랜 내 기억을 맑고 깨끗하게 되살리고 있다. 꽃송이 하나하나에 그때의 흐뭇한 기억들이 다발로 다가온다. 내 마음을 그때로 돌려 환한 미소를 머금게 한다. 그리고 나이는 먹어 가지만, 맑고 깨끗한 마음은 나이 먹지 않았으면 좋겠다. 안개꽃 그것도 '흰 안개꽃'이 좋다.

흰골무꽃

"진리를 위하여 죽기까지 싸워라.
주 하느님께서 네 편을 들어 싸워 주시리라.
오만하게 말하지 말고 게으르고 부주의하게 행동하지 마라."

집회 4,28-29

반짇고리가 없는 탓에, 도움을 받아 단추를 달았다. 그러다 갑자기 골무를 끼고 바느질하시던 어머니의 모습이 아련히 떠올랐다. 어머니의 골무는 단순한 바느질 도구 그 이상이었다. 어머니는 골무로 옷을 지으셨고, 양말을 꿰매셨으며, 이불을 덮어 주셨다. 골무 낀 어머니의 손길은 따뜻했고, 그 손끝에서 탄생한 것들은 가족을 보듬었다. 골무는 어머니의 사랑이었다.

나를 건드리지 마세요, 의협심

골무 생각이 자연스레 골무꽃으로 이어졌다. 물론 꽃 자체가 골무를 닮은 것이 아니라, 기다란 흰 꽃이 떨어지고 난 뒤에 꽃받침통이 골무를 닮은 것이다. 더구나 흰 골무를 닮아 흰골무꽃이다. 꽃 이름 참 재밌다. 그런데 5~6월에 피는 다른 꽃들도 많은 데, 골무꽃 역시 종류도 참 많다. 자라는 지역 환경에 따라 그 드러냄을 조금씩 달리하기 때문이다.

흰골무꽃은 언뜻 보아서는 가시가 있는 쐐기풀과 같은 모습이다. 그러나 겉모습은 쐐기풀 같지만, 정작 아프거나 해를 끼치지 않는다. 다만 섣불리 다가오지 못하도록 '나를 건드리지 마세요'라고 신호를 주는 것이다.
그러면서 척박한 땅에서도 자신의 자리를 포기하지 않는다. 여러 들꽃 무리 속에서도 자신의 색깔을 포기하지 않는다. 오히려 의롭게 맞서 자란다.

흰골무꽃의 꽃말을 통해서 삶의 자세를 배운다. 우리는 외부의 시선에 휘둘리지 말고 자신을 지킬 수 있어야 한다. 한편 필요한 순간에 용기를 내어 맞설 줄 아는 진정한 의협심도 있어야 한다. 그러면서 모두를 보듬는 사랑이 그 중심에 있어야 한다. 이렇게 들꽃은 우리에게 삶의 균형을 갖추도록 가르쳐 준다. 반짇고리를 사러 가야겠다.

여름,

'여름'이라는 말은 '열다'에서 비롯되었다고 합니다. 무언가 활짝 열리고, 무르익는 계절이라는 뜻. 햇살이 뜨거워지고, 생명이 그 빛 속에서 한껏 자라나는 때입니다. 들판을 보면 알 수 있습니다. 봄보다 키 큰 풀들이 웃자라고 있고, 개망초, 강아지풀, 달맞이꽃이 비에 젖고 햇살에 반짝이며 자리를 지킵니다. 여름의 들꽃은 화려하지 않지만 묵묵히 견디고 자라나는 힘이 있습니다. 햇빛과 바람과 땀이 뒤섞인 그 자리에서, 자연은 멈추지 않고 열어젖히며 살아갑니다. 여름은, 생명이 가장 넓게 펼쳐지는 계절입니다. 그리고 들꽃은 그 계절의 숨결을 가장 먼저 보여줍니다.

가는장구채

"나는 너를 영원한 사랑으로 사랑하였다.
그리하여 너에게 한결같이 자애를 베풀었다."
예레 31,3

산길을 걷다 보면 그늘진 곳, 7~8월 꽃이 피기 전에는 알아볼 수 없는 풀이다. 다른 식물에 비해 꽃자루가 길어서 약한 바람에도 몸을 흔든다. 그때서야 바람 타고 춤추는 꽃향기에 발길을 멈춘다. 바로 '가는장구채'이다. 장구채에 비해 줄기가 가늘어서 붙은 이름이다. 한해살이풀로 우리나라 고유한 생태계를 대표하는 식물이다.

> *가는장구채의 꽃말은 자료마다 차이가 있다. 장구채의 종류가 여럿이기 때문에, 꽃말을 서로 다르게 언급하고 있다. 여기서는 임의로 둘 다 취하였다.

끝없는 사랑, 동자의 웃음*

'장구'와 '가는장구채' 그 이름의 어울림, 곧 전통문화와 자연의 만남이다. '장구'가 전통 음악에서 중요한 위치를 차지하는 것처럼, '가는장구채'는 한국의 귀중한 야생화 중 하나이기 때문이다. 장구 연주는 리듬을 이끌어가는 데 중요한 역할을 하듯, '가는장구채' 역시 자연 생태계 유지에 큰 몫을 차지한다. 둘 다 우리나라의 고유한 가치를 뽐낸다.

'장구'와 '가는장구채', 우리 고유함이 사라져 감을 본다. 어린아이의 웃음소리도 사라져 가고, 끝없는 사랑이라는 말도 그 의미를 잃었다. '장구'의 울림이 잦아들고, '가는장구채'의 꽃도 사라질 위기이다. 사라져 가는 것은 단순한 물건이나 식물만이 아니다. '장구'와 함께 숨쉬던 우리 역사, '가는장구채'에 피어나던 우리 땅 내음, 기억에서 점점 더 멀어져 간다.

작지만 소중한 것들. 우리의 삶에 깊이 뿌리내렸던 문화와 자연이 사라진다면, 우리의 정체성도 함께 사라지는 것이다. '장구'의 울림을 되살리고, '가는장구채'의 꽃을 보전해야 한다. 작은 것들의 소중함을 기억하며. 우리 손으로 지켜내야만 한다. 그래야 우리 소리와 향기가 다음 세대에도 전해질 수 있기 때문이다.
아이의 웃음소리를 희망하며.

가락지나물

"보십시오, 저는 주님의 종입니다.
말씀하신 대로
저에게 이루어지기를 바랍니다."

루카 1,38

'반지와 가락지'. '반지'는 가락지의 반을 의미하며, 혼인했든 안 했든 구분하지 않고 낀다. 그러나 '가락지'는 두 개의 고리가 한 쌍을 이루며, 혼인한 여인만이 꼈었다. 가락지는 부부의 결합을 상징하는 의미도 있다고 한다. 그래서 정혼한 연인이 정표로 나누어 꼈는지도 모른다. 서로에게 속한 사람임을 드러내는 징표라 할 수 있다.

* 가락지의 징표와 잘 어울릴 것 같아
이 꽃말을 택하였다.

당신 것이 되겠습니다,
다시 찾은 행복*

그러고 보니 가락지의 징표라 할 수 있는, '당신 것이 되겠습니다.'라는 꽃말을 가진 들풀이 있다. 바로 '가락지나물'이다. '가락지나물'은 여러해살이풀로, 5~7월에 노란 꽃이 핀다. 햇볕이 잘 드는 곳이면, 척박한 곳에서도 잘도 핀다. 작은 꽃이 무리 지어 피면서, 어디든 노랗게 물들인다. 하지만 비슷한 꽃이 많아 유심히 관찰하지 않으면 구별하기 쉽지 않다.

'가락지나물'은 화려한 꽃들처럼 주목받지 못한다. 그러나 이 작은 꽃들은 늘 그 자리에서 자신을 둘러싼 세상에 충실하다. 산들바람 맞고, 햇볕에 고개 들며, 한낮에는 저보다 작은 생명에게 작은 그늘을 내어 준다. 그러기에 '당신의 것이 되겠습니다.'라는 꽃말은 어찌 보면 사랑에 찬 배려이다. 이는 행복을 담은 무겁고도 은근한 고백이다.

'가락지나물'의 행복한 사랑 고백은 우리를 숙연하게 한다. 행복은 풍요롭거나 화려함에서 오는 것이 아니다. 한 줌의 웃음, 진심 어린 한마디, 마음 깊은 곳에서 우러난 작은 헌신들이 모여 사랑을 완성한다. 이것이 행복이다. 행복은 다시 찾는 것이 아닌, 늘 곁에 있다. 당신이 내 곁에 있듯 말이다. 나 자신을 내어 줄 수 있는 당신이 있음이 행복이다.

개미자리

"혼자보다는 둘이 나으니
자신들의 노고에 대하여
좋은 보상을 받기 때문이다."
코헬 4,9

개미는 눈에 잘 띄지 않는다. 그런데 그런 개미와 공생하는 식물이 있다. 바로 '개미자리'다. 개미가 늘 근처에 있다고 해서 붙은 이름이다. 개미자리는 한해살이 또는 해넘어살이다. 지구상에서 특히 온대 지역에서 꽃 피는 식물 가운데 크기가 가장 작다고 한다. 코가 땅에 닿을 정도로 몸을 낮추지 않으면 볼 수 없다.

나는 당신의 것

'개미자리'는 작은 몸집에도 불구하고 참 여유롭게 산다. 아파트 주차장 갈라진 틈새, 길가 보도블록 사이, 공원 모퉁이, 양지와 반음지 그리고 습지, 어디서든 생존한다. 잎, 줄기, 꽃대, 뿌리 온전한 형태를 갖췄다. 이보다 더 작은 꽃은 찾을 수 없다. 작디작지만, '개미자리'는 엄연히 꽃 피는 고등식물이다.

우리는 무심코 '개미자리'를 밟고 지나다녔다. 꽃이라고 생각하지도 않았다. 그 가치를 알아본 것은 개미뿐이다. 그래서 개미는 그늘진 아파트 블록 주변을 서성댄다. 틈바구니에서 자라는 '개미자리'로부터 열매를 수확하기 위해서다. 대신 개미는 감사의 표시로 개미자리 씨앗을 퍼뜨린다. 상생한다. 서로의 것이 된다.

불볕더위 속 도시를 채운 아파트 단지는 식물들이 견디기 어려운 공간이다. 그러나 그곳에도 '개미자리'에게 필요한 생태적 입지가 있다. 틈새만 있으면 된다. 그래서 '개미자리'마저 살 수 없는 아파트 단지나 도심 공간은 '생물학적 사막'이 된다고 한다. 곧 생물학적 사막을 가늠하는 진단 식물 역할을 한다.

가까이 가지 않으면 볼 수 없는 '개미와 개미자리'로부터 상생의 의미를 배운다. 서로에게 필요한 존재가 되어야 함을 깨닫는다. 너는 내 것이 아니라, 나는 당신의 것이라는 내어줌의 의미를 되새긴다. '너'가 있으므로 '나'가 있고, '너와 나'가 있음으로 '우리'가 있는 것이다. 이것이 상생하는 삶의 본질이다.

꼬리풀

"나는 훌륭히 싸웠고 달릴 길을 다 달렸으며
믿음을 지켰습니다.
이제는 의로움의 화관이 나를 위하여 마련되어 있습니다."
2티모 4,7-8ㄱ

예수님의 십자가 길에는 많은 사람이 등장한다. 가슴을 치며 통곡하는 여자들도 있었다(루카 23,27 참조). 그중에 한 여인이 예수님의 얼굴을 닦아 드렸는데, 피와 땀이 예수님 초상처럼 수건에 배었다. 당시 이 여인은 몸에 꼬리풀을 지니고 있었고, 이 꽃에서도 피와 땀이 뚝뚝 떨어졌다고 한다. 이 여인은 베로니카 성녀라고 전해진다.

달성

이와 같은 전승(傳承)에 따라 '꼬리풀'의 속(屬)명은 베로니카(Veronica)이다. '꼬리풀'은 산지나 들판에서 자라는 여러해살이풀로, 8~10월에 남색이나 연한 보라색 꽃이 핀다. 또한 꼬리풀의 이름은 'Speedwell'. 곧 '신속하게 잘되다.'라는 뜻이다. 아마도 '꼬리풀'이 빠르게 자라면서 꽃을 피우는 성질 때문에 붙은 이름이라 할 수 있다.

'꼬리풀'은 여름이 무르익어 다른 꽃들이 지고 난 뒤에 조용히 핀다. 한 줄기 긴 꽃대 끝에 작은 꽃들이 차례차례 피면서 완성을 이룬다. 그래서 '꼬리풀'의 꽃말이 '달성'이라 붙었는가 보다. 소박한 들꽃치고는 꽤 당당하다. 무엇인가 이룬다는 것은, 긴 시간의 인내와 쉼 없는 걸음이 있어야 한다. 이 '달성'은 삶의 궤적을 통과한 사람만이 얻을 수 있는 기쁨이다.

사순 시기, '나는 무엇을 해야 하나'라고 묻는다. '기도와 단식 그리고 자선'을 하고자 분주하다. 하지만 예수님의 고통을 함께한 베로니카의 모습은, 조용한 헌신과 인내 그리고 내면의 성숙을 떠오르게 한다. 베로니카는 그저 예수님 곁에 있었고, 손수건 하나를 내밀었을 뿐이다. 우리도 그렇게 작은 사랑과 위로의 행위로 피어날 수 있다면, 그 자체로 '달성'이다.

닭의장풀

"나는 주님 안에서 즐거워하고
내 구원의 하느님 안에서 기뻐하리라."
하바 3,18

중국 당나라 대표 시인인 두보(杜甫, 712~770)는 시골 생활 중 가난하고 외로운 심정을 담으면서, 자연 속의 소박한 식물들을 애정 어린 시선으로 바라보곤 했다. 특히 들풀처럼 어디서든지 강인하게 자라고, 소박한 아름다움을 가진 식물을 특히 좋아했다고 한다. 그래서 "풀(草)", "청초(靑草)", "들풀(野蔓草)"란 표현을 자주 사용했다. '닭의장풀'도 그중 하나였으리라.

순간의 즐거움

달개비라고도 하는 '닭의장풀'은 한해살이풀로, 길가나 풀밭 그리고 냇가의 습지에서 자란다. 거칠고 자유롭게, 제멋대로 뻗어나가는 우리네 들풀이다. 장마가 끝난 7~8월에 파란색 꽃이 핀다. '닭의장풀'은 덤불 형태로 많이 자라는데, 습지의 오염된 수질과 토양을 정화하는 역할도 한다. 그래서 마을 주변이나 농지 주변에 자란 것은 뽑지 않는 것이 좋다고 한다.

'닭의장풀'은 고작 한나절 꽃을 피우기 위해 일 년을 기다리는 끈기의 식물이다. 아침 이슬 머금고 핀 꽃이, 서산 노을과 함께 시든다. 그래서 영어 이름으로는 '데이 플라워(dayflower)', 곧 하루만 피는 꽃이란 뜻이다. 일본에서는 '이슬에 맺힌 풀'이라고 한다. '닭의장풀'은 한나절이지만, 꽃을 피울 시간을 놓치지 않는다. 짧지만 큰 즐거움이 피어나는 시간이다.

'닭의장풀'은 아침에 피고, 저녁이면 시드는 운명임을 안다. 그러면서도 '닭의장풀'은 존재하는 것만으로 충분하다는 듯이. 한순간을 온 힘으로 살아낸다. 참으로 소중한 순간이다. 이 순간은 잡을 수 없다. 사람의 의지와는 상관없이 '순간'은 흘러간다. 이 순간순간이 엮어져 인생이 된다. 이렇게 이어진 인생은 즐거움의 연속이다. 그리고 '영원'으로 향한다.

들깨풀

"주님의 자애는 다함이 없고
그분의 자비는 끝이 없어 아침마다 새롭다네.
당신의 신의는 크기도 합니다."

애가 3,22-23

우리네 들판의 사계절은 들꽃들의 무대이다. 계절마다 번갈아 피고 진다. 그리고 생태계에서 자신의 역할을 한다. 어떤 때는 농부들에게 귀찮은 존재이기도 하지만, 들풀들을 보고 농사 채비를 하기도 한다. 보잘것없지만, 자연의 시간을 알려 준다. 이런 꽃 중에 8~9월 삼복더위를 피해, 이른 아침 들녘에 나오는 농부들을 맞이하는 들풀이 있다. 바로 '들깨풀'이다.

좋은 아침

'들깨풀'은 한해살이풀이며, 들깨를 닮고 향도 비슷하다고 해서 붙은 이름이다. 그야말로 들에서 흔히 자란다. 연한 홍자색 꽃은 나름 제 모습을 갖추었다. 그러나 꽃이 피기 전에는 다른 들풀과 섞여 자라면 구분하기 어렵다. '들깨풀'은 부지런한 농부를 좋아하지 않는다. 여유로우면서 조금은 게으른 농부를 좋아한다. 그래야 자신의 꽃시계를 만들 수 있으니 말이다.

'들깨풀'뿐만 아니라 대부분 꽃은 자신만의 시계를 갖고 있다. 다만 차이가 있을 뿐이다. 어떤 꽃은 아침 일찍 피기도 하고. 또 어떤 꽃은 그보다 늦게 핀다. 그러나 이때든지 저 때든지, 언제 피든 꽃은 좋다. 특히 아침 일찍 꽃을 보면 더욱 그렇다. 꽃 덕분에 하루를 화사하게 시작하기 때문이다. 이것이 꽃시계가 엮어가는 하루이다.

'들깨풀'이 전하는 '좋은 아침'은 매일의 시작을 알리는 인사이다. 그리고 오늘의 '좋음'은 어제가 좋았기 때문이며, 내일도 좋을 것이라는 희망을 전하는 인사이다. 그러기에 '좋은 아침'이라는 인사는 긍정적인 마음을 갖게 한다. 지나온 시간에 얽매이지 않고 현재에 충실해지라고 다독인다. 그래야 매일 맞이하는 하루하루가 좋은 나날이 된다. 오늘도 '좋은 아침'이다.

물질경이

"바른길을 걸어라. 네가 가는 길이 모두 튼튼하리라.
오른쪽으로도 왼쪽으로도 벗어나지 말고
악에서 발길을 돌려라."

잠언 4,26-27

사람이 다니는 길에서 자라는 질경이는, 그 질긴 생명력을 자랑한다. 밟아도 굳세게 자란다. 그래서 질경이라고 한다. 하지만 물질경이는 논이나 도랑 등의 물속에서 자라는 한해살이풀이다. 단지 잎이 질경이와 비슷할 뿐이지, 질경이와는 관련이 없다. 7~8월 흙탕물 속에서 머리를 내민 연분홍 꽃은 여느 연꽃과 비교해도 뒤지지 않는다.

발자취

수생식물인 물질경이의 능력은 남다르다. 비록 깨끗한 물에서 자라지는 않지만, 물을 정화하여 다른 생명들을 위한 터전을 마련해 준다. 곧 물질경이는 뿌리로 다양한 영양물질을 흡수함으로써 물속을 정화하는 역할을 한다. 이것이 물질경이가 남기는 흔적이다. 그래서 지혜로운 농부들은 물질경이를 거두어내지 않는다. 벼와 함께 자라 꽃을 피우게 둔다.

이처럼 논에서 물질경이를 거두어내지 않는 농부들의 선택은, 단순한 게으름이나 무관심이 아니다. 그것은 자연과 함께 살아가는 지혜이고, 보이지 않는 도움을 신뢰하는 믿음이다. 어쩌면 농부들은 삶 속에서 깨달았을 것이다. 물질경이가 물속에서 자신을 희생하며 남긴 흔적들이, 결국은 다른 생명을 이어주는 근원이 된다는 것을. 이것이 물질경이의 발자취이다.

모든 동식물은 발자취를 남긴다. 그 발자취는 소멸이 아니다. 이어감의 고리이다. 때로는 사라지는 듯하지만, 사실은 끊임없이 다음 세대로 이어진다. 우리 자연은 서로 이어져 있으며, 자연 속에 살아가는 우리의 삶도 모두 연결되어 있다. 자연의 발자취를 존중할 때, 우리의 발자취도 그 자연과 함께 조화를 이룬다. 발자취, 그것은 삶의 흔적이다.

바람꽃

"땅의 귀한 소출을 기다리는 농부를 보십시오.
그는 이른 비와 늦은 비를 맞아 곡식이 익을 때까지 참고 기다립니다.
여러분도 참고 기다리며 마음을 굳게 가지십시오."

야고 5,7ㄴ-8ㄱ

'살면서 듣게 될까, 언젠가는 바람의 노래를. 세월 가면 그때는 알게 될까, 꽃이 지는 이유를…'이라고 시작하는 대중가요 '바람의 노래'를 자주 흥얼거린다. 그러다가 '우린 깨달았네, 이제 그 해답이 사랑이라면, 나는 이 세상 모든 것들을 사랑하겠네'라는 마무리 부분에서 생각난 꽃이 있다. 바로 '바람꽃'이다.

희망, 기다림

'아네모네'라는 바람꽃은 바람의 신인 제피로스와 시녀인 아네모네와의 이루어질 수 없는 사랑에서 유래했다. 즉 이들의 사랑을 질투한 꽃의 신인 플로라가 아네모네를 꽃으로 변하게 했지만, 바람의 신인 제피로스는 바람을 날려 꽃이 피고 지게 했다고 한다. 아네모네는 바람이 불어오기를 얼마나 기다렸을까?

꽃은 바람에 순응하며 피고 진다. 바람이 부는 지역에 따라 그 시기도 서로 다르다. 이 사람에게는 눈에 띄고, 저 사람에게는 띄지 않는다. 그러다 보니 본 사람이나 지역에 따라 꽃 이름이 정해진다. 이렇게 부르고, 저렇게 부른다. 사람이 주인 행세를 한다. 그런데 꽃은 이미 그 자리에서 늘 피고 졌다.

우리네 삶도 매일매일 바람을 맞이한다. 우리를 흔드는 바람, 힘겨움에 발걸음을 멈추게 하는 바람, 삶의 방향을 바꾸는 바람이기도 하다. 그러나 우리는 이 바람을 맞으며 자라고, 성숙해 간다. 그러기에 삶이 사랑의 꽃을 피울 수 있도록 우리는 선한 바람을 기다린다. 바람꽃이 늘 그 자리에서 그러하듯.

밭둑외풀

"좋은 옷을 차려입거나 하는 겉치장을 하지 말고,
온유하고 정숙한 정신과 같이 썩지 않는 것으로,
마음속에 감추어진 자신을 치장하십시오.
이것이야말로 하느님 앞에서 귀중한 것입니다."

1베드 3,3-4

우리네 밭둑이나 논둑은 그야말로 들풀로 가득 찬다. 서로 엉켜 무질서한 것 같지만, 그들만의 질서와 영역이 있다. 어떤 들풀은 토양을 개선하고, 다른 들풀은 해충을 억제하는 역할을 하며 생태계의 균형을 유지한다. 다양한 종(種)들이 계절의 변화에 순응하며 공존한다. 이 중에서 덥고 건조한 환경에도 잘 견디는 풀이 있는데, 바로 '밭둑외풀'이다.

원숙한 아름다움

한해살이풀인 '밭둑외풀'은 7~8월에 연한 홍자색의 꽃이 핀다. '밭둑외풀'은 다른 해로운 풀의 성장을 억제하고, 농작물에 피해를 주는 풀의 퍼짐을 막아준다고 한다. 한편 건조한 여름날 밭 전체의 수분을 유지하도록 돕기도 한다. 이것이 '밭둑외풀'이 생태계를 건강하게 유지하는 아름다운 역할이다. 자연처럼 원숙한 아름다움은 없다.

'밭둑외풀'은 논밭 둑이나 길가에서 흔히 볼 수 있는 풀이다. 더위를 피해 사람은 그늘을 찾지만, 이 작은 풀은 그 자리를 떠나지 않는다. 누군가 자신을 뽑으려 할지라도, 묵묵히 시간을 견디며 꽃을 피운다. 누가 알아주지 않아도 좋다. 이름이 없어도, 아무도 돌아보지 않아도 괜찮다. 살아있는 매 순간이 스스로에게 충분하기 때문이다. 이것이 참 아름다움이다.

아름다움이란 오랜 시간과 끈기를 통해 완성되는 것이다. 화려함보다는 깊이를 다져야 진정한 가치를 알 수 있다. '밭둑외풀'의 생명력에서 우러나는 아름다움은 단지 꽃을 피움으로써 완성되는 것이 아니다. 바람에 날려 씨앗이 자리 잡을 때부터 시작되는 긴 여정이다. 이 여정 속에서 끊임없이 성숙해지며 아름다움을 드러낸다. 이것이 '원숙한 아름다움'이다.

부추

> "눈물로 씨 뿌리던 이들 환호하며 거두리라.
> 뿌릴 씨 들고 울며 가던 이
> 곡식 단 들고 환호하며 돌아오리라."
> 시편 126,5-6

집 안뜰에는 그리 넓지 않은 텃밭이 있었다. 할머니와 어머니께서는 이 텃밭을 경쟁하듯 가꾸셨다. 그런데 두 분의 취향이 조금은 다른 것이 갈등 아닌 갈등을 가져왔다. 어머니께서 이쁜 꽃이라고 심어놓으시면, 할머니는 풀이라고 뽑아버리셨다. 그러시고는 서로 우기시는데, 왜 그리도 정겨웠는지 모른다.

무한한 슬픔

어느 날 두 분의 의견이 하나가 되었다. 입맛 없는 손주를 위해서 할머니께서 나물을 뜯어 오시면, 어머니께서 버무리셨다. 그리곤 보리밥에 썩썩 비벼주셨는데, 매콤 새콤한 것이 입맛을 돌게 했다. '부추'였다. 부추가 두 분의 정을 두텁게 했는가 보다. 그래서 정을 굳히는 나물이라고 하는지도 모른다.

부추는 봄부터 가을까지 밥상에 올릴 수 있다. 특히 봄이 제철이다. 그러나 꽃대가 올라오면 잎이 억세지고 맛도 떨어진다. 부지런한 농부들은 꽃이 핀 부추는 베어 낸다. 부추꽃이 생소한 이유가 여기에 있다. 부추뿐만 아니라 잎채소들도 마찬가지다. 상추는 게으른 농부들에게만 꽃을 보여준다고 한다.

그래도 소복하게 모여 핀 하얀 부추꽃은 별처럼 빛난다. 하지만 이처럼 꽃으로 존재하는데도, 사람들이 알아보지 못한다. 그래서 슬픈가 보다. 그런데 어디 부추뿐이랴. 자신이 열심히 땀흘려 노력했는데도, 알아주지 않으면 의기소침해진다. 슬퍼진다. 그러나 이는 좌절이 아닌 희망과 기쁨을 담은 슬픔이어야 한다.

수염가래꽃

"무슨 일이든 이기심이나 허영심으로 하지 마십시오.
오히려 겸손한 마음으로 서로 남을 자기보다 낫게 여기십시오."
필리 2,3

오월 모내기 철이 시작되면 농부들의 일상은 그야말로 눈코 뜰 새 없다. 겨우내 방치했던 논과 논두렁을 정리하고, 물꼬를 트고 물을 대야 하며, 제 땅인 양 자란 풀과 잔가지들을 제거해야 한다. 그럼에도 뽑고 나서 뒤돌아보면 언제 그랬냐는 듯이 자라는 것이 풀이다. 이때 필요한 농기구가 '가래'이다. 이 와중에 가장 눈에 띄는 풀이 '수염가래꽃'이다.

겸손

여러해살이풀인 '수염가래꽃'은 여름 내내 논둑과 습지에서 자란다. 꽃도 줄기차게 핀다. 그러나 벼의 생장에 직접적으로 큰 해를 끼치지는 않는다. 오히려 줄기가 옆으로 뻗어 자라며 마디에서 뿌리를 내리기 때문에, 토양의 침식을 방지하고 논둑 안정화에 이바지한다고 한다. 그래서인지 아버지께서는 '수염가래꽃'을 온전히 걷어내지 않으셨다.

'수염가래꽃', 흰 수염 난 농부가 가래질하는 농사 풍경이 떠오른다. 땀 흘리는 농부의 삶이 그러하듯, '수염가래꽃' 또한 소박하다. 늘 땀 흘리는 농부와 하루를 같이 한다. 그래서 '가래로 논두렁을 정리해 두면, 그곳에 수염가래꽃이 자리 잡는다.'라고 말한다. 어찌 보면 농부들에게 '수염가래꽃'의 존재는 논 생태계가 건강하다는 신호가 될 수도 있다.

농부와 '수염가래꽃'은 같은 자리, 곧 논에서 함께한다. 농부는 자연의 순리에 순응하며 땅을 갈고 씨앗을 뿌린다. 그리고 땅과 비와 햇빛 덕분임에 감사한다. 이와 같은 농부의 겸손함은 자신의 힘으로 이룬 것이 아니라는 깨달음에서 나오는 것이다. '수염가래꽃'의 꽃말인 '겸손'이 농부의 삶에 투영되는 듯, 새삼 큰 울림으로 다가온다.

쑥갓

"사랑에는 두려움이 없습니다.
완전한 사랑은 두려움을 쫓아냅니다. …
두려워하는 이는 아직 자기 사랑을 완성하지 못한 사람입니다."
1요한 4,18

"자연을 사랑하기에 들풀을 채취하지 않고, 재배한다." 이 태도는 자연을 함께 살아가야 할 생명 공동체로 인식하는 생태적 삶의 방식이다. 곧 들풀을 생명력 있는 존재이자 자연의 일부로 인식하며 사는 것이다. 우리나라 사람들이 그렇다. 이 때문에 무분별하게 채취하기보다는 필요한 만큼, 그리고 가능하면 재배하여 먹는 실천을 이어왔다. 그 들풀 중 하나가 '쑥갓'이다.

상큼한 사랑

춘국(春菊)이라고도 하는 '쑥갓'은 한두해살이풀이다. 잎에서는 독특한 향이 나며, 노란색 또는 흰색이 섞인 노란색의 꽃은 6~8월에 핀다. 머리 모양 꽃의 가장자리에 혀 모양 꽃이 달리고, 안쪽에 관 모양 꽃이 달린다. 혀 모양 꽃은 암꽃이고, 관 모양 꽃은 양성 꽃이다. 하지만, 이런 이쁜 꽃을 보기 어렵다. 그저 식탁에서 만나는 채소로만 생각하기 때문이다.

사람의 기억 속에 '쑥갓'의 꽃은 없는 듯하지만, 생각보다 고요하고 소박하게 피어난다. 나름 사람들에게 아름다움을 선사한다. 그러나 '쑥갓'은 너무 바쁘게 자라나고, 그 성장 속도는 기다림을 허락하지 않는다. 우리가 그것을 수확하기 위해 기다리는 것은, 언제나 식탁에 오르는 그 순간이다. 그러니 '쑥갓'의 꽃이 풍기는 상큼한 향을 느끼지 못한다

꽃은 서두르지 않고, 그것을 기다리는 자만이 온전히 그 순간을 만날 수 있다. '쑥갓'의 꽃을 기다릴 수 있다면, 우리의 삶에 조금은 다른 색을 더할 수 있을 것이다. 그 색은 사랑이다. 사랑은 기다림에서 온다. 그리고 기다리는 자에게 상큼함으로 다가간다. 다가가고 오는 사랑이 만났을 때 진실한 삶의 꽃이 핀다. 이 사랑의 꽃은 산뜻하고 향기롭다.

애기똥풀

"자녀 여러분, 말과 혀로 사랑하지 말고
행동으로 진리 안에서 사랑합시다."

1요한 3,18

사람들은 말한다. 사랑은 말로 표현하지 않으면 모른다고. 그런데 드러나지 않는 사랑도 있다. 옛날 아버님이 그러하셨다. 얼굴에 살가운 감정 드러내는 법도 없으셨고, 따듯한 말을 고르고 꺼내는 데도 서투르셨다. 어머니를 향한 사랑을 표현하는 말과 행동을 본 기억이 없다. 하지만 장 보러 가신 어머니를 기다리시는 그 시간, '몰래 주는 사랑'이었다.

* '결'은 '성품의 바탕이나 상태'를 뜻한다.

몰래 주는 사랑

'몰래 주는 사랑'이 꽃말인 들풀이 있다. 바로 '애기똥풀'이다. 잎이나 줄기를 자르면 노란 유액이 나와서 붙은 이름이다. '애기똥풀'은 산기슭이나 들 그리고 길가 어디서든 자라는 두해살이풀이다. 젖풀 또는 씨야똥이라고도 부르며 독성이 있다. 민간요법으로 약이 되는 식물로 알려지기도 했지만, 2009년에 사용 불가 식물로 지정되었다.

5~8월에 노란 꽃을 피우는 '애기똥풀'은 특히 척박한 환경에서 잘 자란다. 즉 도로변의 건조하고 오염된 토양에서도 잘 자란다. 오염에 강한 지표식물로서 주목받을 수 있다. 또한 잎의 구조나 생태적 강인함으로 볼 때, 생물정화 식물 후보로도 연구해 볼 수 있는 가치가 있다. 그런데 일순간 자취를 감추기도 한다. 바로 들풀 제거를 위한 도로환경정비 때문이다.

그렇다고 해도 '애기똥풀'은 때가 되면, 티 내지 않고 조용히 꽃을 피운다. 그리고 자기방어를 위한 독성이 있기는 하지만, 토양 유실을 막고 미생물 군집 형성에 도움을 준다. 누구도 알아주지 않지만, 몰래 다른 식물의 성장을 위해 자신의 역할을 한다. 다른 이의 삶을 위해 함께해 주는 것 그것이 참삶의 결*이다. 결이 고운 사랑 곧 '몰래 주는 사랑'이다.

으아리

"사랑은 거짓이 없어야 합니다.
형제애로 서로 깊이 아끼고,
서로 존경하는 일에 먼저 나서십시오.
궁핍한 성도들과 함께 나누고 손님 접대에 힘쓰십시오.
기뻐하는 이들과 함께 기뻐하고 우는 이들과 함께 우십시오.
서로 뜻을 같이하십시오.
아무에게도 악을 악으로 갚지 말고,
모든 사람에게 좋은 일을 해 줄 뜻을 품으십시오."
로마 12,9ㄱ-10;13;15-16ㄱ;17

아름다운 당신의 마음, 고결

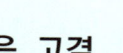

향나무가 제대로 자라지도 못하고 시들하다. 그 옆에 나 몰라라 푸르게 서 있는 소나무 탓이다. 본디 소나무는 햇볕을 두고 다른 나무가 자라는 것을 허락하지 않는다. 독성을 뿜어 방해한다. 그런데도 잘 버티고 있다. 그래서인지 더더욱 안쓰럽다. 시들한 향나무와 어울릴 수 있는 덩굴식물을 찾았다. 바로 '으아리'다. 그 이름 참 으아(의아)하다.

으아리는 봄이 지나고 여름이 다가올 무렵부터 시작해서 여름 내내 꽃을 피운다. 여름 햇살도 마다하지 않는다. 오히려 햇빛을 담은 꽃은 눈부시도록 색을 더하며 윤기까지 흐른다. 그리고 겹친 꽃잎은 마음을 사로잡는다. 이렇게 으아리꽃에 마음을 빼앗겨 여기저기 더 심었다. 흰색 꽃에 이어 분홍색 꽃도 피었다. 그리고 묘한 조화를 이룬다.

왜 '으아리'라는 이름을 가졌을까? 옛날 나무꾼들은 칡넝쿨 등으로 지게 끈을 사용했는데, 굵기에 비해 쉽게 끊어졌다고 한다. 이를 안타깝게 생각한 장모는 사위의 수고를 덜어주려고 으아리 덩굴을 주었고, 평상시보다도 짐을 더 많이 지었는데도 끊어지지 않았단다. 이에 사위는 '으아' 하고 놀랐다고 한다. 그래서 '아름다운 당신의 마음'이란 꽃말이 어울린다.

으아리는 담장을 타고 나무를 감고 위로 옆으로 뻗는다. 나무를 타고 뻗어 나가며 피어나는 꽃들은 주변을 장식한다. 자신의 아름다움을 뽐내려 함이 아니라, 다른 나무를 돋보이게 한다. 자신을 드러냄이 아니라, 다른 나무를 아름답게 한다. 이것이 아름답고 고결한 마음이다. 으아리꽃을 바라보며, 이웃을 향한 아름다운 마음을 풍겼으면 좋겠다.

좁쌀풀

"여인이 제 젖먹이를 잊을 수 있느냐?
제 몸에서 난 아기를 가엾이 여기지 않을 수 있느냐?
설령 여인들은 잊는다 하더라도 나는 너를 잊지 않는다."
이사 49,15

"틈만 나면, 작은 틈만 나면, 나는 태어날 거야. 쑥쑥 자랄 거야. 멋진 곳이 아니어도 좋아. 조금 답답해도 상관없어. 어디라도 틈만 있다면 나는 활짝 피어날 수 있어."(틈만 나면, 이순옥) 들풀이다. 그런데 그 틈은 강한 식물이 자라지 않는 곳이다. 누군가 이를 '싸움을 피하는 생존 전략'이라 했다. 그리고 사람에게 친근한 이름으로 다가온다. 바로 좁쌀풀이 그러하다.

* 임의로 이 꽃말을 택하였다.

항상 기억하세요*

여러해살이풀인 '좁쌀풀'은 주로 산과 들의 습지에서 자란다. 생존하기 위해 햇볕 잘 드는 틈새를 잘도 찾는다. '좁쌀풀'의 꽃은 6~8월에 피고 지고를 반복하기 때문에, 꽃이 피어 있는 기간이 길다. 그런데 꽃과 이름의 관계가 쉽게 연관이 되지 않는다. 사람들이 이런저런 이유로 이름을 붙였으면 어떠한가. 그저 기억하는 것으로 충분하다.

들풀은 생존을 위해 틈을 찾아 자라지만, 꽃을 피우면서 말하는 듯하다. "주인공이 아니면 어때. 나를 위한 자리가 없으면 어때. 한 줌 흙과 하늘만 있으면 나는 꿈을 꿀 수 있어."(같은 책) 그리고 이 꿈은 기억과 함께 핀다. 여러해살이인 '좁쌀풀'은 해마다 노란 꽃과 함께 꿈을 반복하며 꾼다. 꿈과 함께 틈만 나면 살아 있음을 기억해 달라고 한다.

기억은 단순히 지나온 시간을 떠올리는 행위만이 아_다. 기억은 삶의 흔적이다. 그 기억이 어떠한 것이든지, 지금은 자신의 자리 곧 틈새에서 뿌리를 내렸다. 사람도 들풀 아니 좁쌀풀처럼 자연의 틈새에서 살아간다. 그리고 지나온 흔적을 기억하며 의지와 희망이라는 꽃을 피운다. "작지만 힘이 있는 나는. 여리지만 살아 있는 우리는. 틈만 나면."(같은 책)

주름잎

"희망의 하느님께서 여러분을 믿음에서 얻는
모든 기쁨과 평화로 채워 주시어,
여러분의 희망이 성령의 힘으로 넘치기를 바랍니다."

로마 15,13

들꽃의 이름은 다양한 특징을 기준으로 정해진다. 꽃의 형태나 크기, 생김새나 구조적 특징, 서식지 생육 환경, 냄새나 맛, 전설이나 민속적인 유래, 동물과의 연관성 그리고 약용 또는 활용도 등. 그래서 들꽃의 이름은 이쁘고 향기가 나며, 익살스럽고 또는 어울리지 않아 고개가 갸우뚱해질 때도 있다. '주름잎'은 꽃이 아니라 잎의 주름진 특성 때문에 이름이 붙었다.

생명력, 희망

한해살이 또는 두해살이풀인 '주름잎'은 5~8월에 연한 자주색 꽃이 핀다. 작은 꽃을 피우는 '주름잎'은 주로 습기가 많은 논두렁 바닥에서 자라기 때문에, 쉽게 알아보지 못한다. 흔한듯 하면서도 지나치기 쉬운 들풀 중 하나이다. 그리고 모여 피는 다른 들풀과 달리 적당한 거리를 두고 자란다. 이는 생장에 필요한 최적의 공간을 확보하려는 적응 전략이라 하겠다.

이렇게 들풀의 생존 전략은 놀랍기만 하다. 한해살이는 짧은 생애 동안 최대한 많은 씨앗을 퍼뜨리고, 두해살이는 첫해 영양 저장 후 번식을, 여러해살이는 지속적인 번식과 생명을 이어간다. 또한 인간의 손길이 닿지 않는 곳에서도 생존하며, 자연의 순환 속에서 중요한 역할을 담당한다. 그러면서 다음 해에도 세상 밖으로 나오리라는 희망의 씨앗을 퍼뜨린다.

'주름잎'을 비롯한 들풀은 그 어떠한 환경하에서도 생명을 이어가기 위해 적응한다. 언젠가는 꽃을 피울 수 있으리라는 희망을 품으며, 자연의 순리에 순응하며 견딘다. 그리고 따스한 봄에 대한 희망이 있으면, 겨울의 무게도 극복할 수 있다. 작은 씨앗 하나가 꿋꿋하게 땅을 뚫고 나오듯, 생명은 희망의 씨앗을 품고 움튼다. 그래서 '생명은 희망'이다.

쥐손이풀

"주님의 자애는 다함이 없고
그분의 자비는 끝이 없어 아침마다 새롭다네."

애가 3,22-23ㄱ

이름은 존재를 드러내는 첫 번째 표식이다. 그래서 이름을 붙여 존재를 구별하고, 그 존재를 다시 보게 된다. 스치는 풀도 이름을 모를 땐 그냥 들풀, 그냥 꽃일 뿐이다. 하지만 이름을 알게 되면 그 들풀은, 우리에게 다가와 이야기를 건네기 시작한다. 그래서 이름을 안다는 것은 자연과 가까워지는 가장 따뜻한 방식이며, 존재를 귀하게 여기는 마음의 시작이다.

끊임없는 사랑

이름 모르는 많은 들풀은 때가 되면, 늘 있던 자리에 다시 자리한다. 알고 보면 '쥐손이풀'도 오래전부터 있었다. 그저 사람이 스쳐 지났을 뿐이다. '쥐손이풀'은 잎이 쥐의 발을 닮았다고 해서 붙은 이름이다. 여러해살이풀로 산기슭, 풀밭, 길가 등에서 자라며, 6~8월에 연한 홍색 또는 홍자색 꽃이 핀다. 생태계에서는 '복원력 강한 1차 정착 식물'이라고 한다.

늘 거기에 있었음에도 미처 알아보지 못한 '쥐손이풀', 눈앞의 평범을 놓쳤다. 어찌 이뿐이랴. 그저 그러려니 하고 늘 곁에 있던 존재, 내가 알든 모르든 한결같은 마음으로 곁을 내어주던 사람, 미처 알아보지 못한 것에 대한 먹먹함. 그래도 사랑은 그렇게 영글어 간다. 이 사랑은 끊임없이 다가오고 다가간다. 다가오고 가는 사랑이 겹칠 때 교집합 사랑은 피어난다.

'쥐손이풀' 꽃말이 '끊임없는 사랑'이란다. 이 사랑은 조용하고 끊임없이 '너'를 바라봐주는 눈빛이다. 서로에게 '너'가 되어 주는 사랑, 곧 '우리 사랑'이 된다. '우리 사랑'이 되기 위해서 끊임없이 '너'의 존재를 알아봐 주고, 이름을 불러주며, 따뜻한 가슴으로 안아주어야 한다. '끊임없는 사랑'이란 쉼 없이 이어지는 '시간의 다정한 고리'이다.

초롱꽃

"언제나 기뻐하십시오. 끊임없이 기도하십시오.
모든 일에 감사하십시오.
이것이 그리스도 예수님 안에서 살아가는
여러분에게 바라시는 하느님의 뜻입니다."

1테살 5,16-18

봄 햇살을 벗 삼아 정원 가꾸기에 한창일 때, 할머니 한 분이 수줍어 하시며 꽃모종을 내미셨다. 해마다 집안 뜰에서 피는데, 꽃 이름을 모르신단다. 해가 갈수록 꽃은 더욱 풍성해지기에, 이뻐서 그저 두고 보신단다. 여러해살이다. 할머니의 소박한 마음을 담아 정성스레 심었다.

감사

6월이지만 제법 덥다. 여느 때처럼 정원을 침범한 이름 모를 풀을 뽑던 중, 새로운 꽃 친구가 나타났다. 할머니께서 주신 꽃이다. 초롱꽃으로, 밤길을 밝히는 초롱을 닮았다. '맑고 영롱하게 빛난다.'라는 우리말 '초롱'과도 참 잘 어울린다. 그리고 마치 초롱불을 밝히는 것처럼 환하다.

"당신은 시각 장애가 있는데 왜 초롱불을 들고 다니는지요?"라고 묻자, "내가 이 초롱불을 들고 다녀야, 사람들이 나를 피하지요."라고 답했단다. 자신을 위함이 아니라, 함께 살아가는 다른 이를 위한 배려이다. 배려는 사람의 마음을 환하게 비춘다. 초롱에 담긴 따뜻한 배려에 감사함은 저절로 나온다.

우리는 삶 속에서 많은 것을 바라고, 또 그것을 쫓느라 소중한 것들을 잃어버리곤 한다. 소탐대실(小貪大失)이다. 초롱꽃에서 작은 것의 소중함을 본다. 그리고 그 작은 것들이 모여 주변을 비추는 큰 가치를 깨닫는다. 그러고 보니 섬초롱꽃의 원산지인 울릉도를 가본 지가 꽤 오래되었다.

탑꽃

"만물은 서로 마주하여 짝을 이루고 있으니
그분께서는 어느 것도 불완전하게 만들지 않으셨다."
집회 42,24

모든 식물이 다 그러하지만, 눈에 잘 띄지 않는 들풀조차도 나름 고유한 질서를 가지고 있다. 특히 꽃이 피는 과정을 관찰하다 보면 놀라울 뿐이다. 꽃이 줄기나 가지에 피는 일정한 규칙과 질서를 꽃차례라고 한다. 꽃차례는 식물의 생존 전략과 수분 방식에 영향을 미친다. 이 꽃차례를 통해서 자연의 질서와 조화가 얼마나 정교한지 알 수 있다.

균형

여러 들풀 중에 질서와 규칙을 뚜렷이 볼 수 있는 꽃이 있다. 바로 '탑꽃'이다. 여러해살이풀인 '탑꽃'은 길게 자란 꽃대에 여러 개의 꽃이 차례로 배열되어 핀다. 곧 꽃이 줄기 끝부분에서 층층이 배열되며, 아래쪽에서부터 위쪽으로 핀다. 6~8월 여름철에 피는 자주색 또는 보라색 꽃은, 마치 균형 잡힌 탑처럼 보인다. 그래서 '탑꽃'의 꽃말이 '균형'이다.

자연 속에서 '균형'은 모든 생명의 기본 질서이다. 우리나라 각처의 산과 들에서 자라는 '탑꽃' 역시 제 몫을 다 한다. 키가 너무 크지도 너무 작지도 않은, 절묘한 균형을 유지하며 꽃을 피운다. 꽃잎 하나하나는 서로를 지탱하며 조화롭게 엮어 있다. 이 조화로운 '균형'이 무너지면 위기가 온다. 바로 생태계의 위기는 자연의 질서인 '균형'이 무너졌기 때문이다.

'탑꽃'은 '균형'을 통해 아름다움을 완성한다. '탑꽃'의 아름다움은 외적인 균형뿐만 아니라, 내적인 균형에서도 온다. '균형'이라는 '탑꽃'의 꽃말이 주는 교훈은 단순하지만 강력하다. 삶의 모든 영역에는 '균형'이 존재함을 일깨워 준다. 사람도 개인이든 공동체이든 이 '균형'을 유지하며 공존해야 한다. '균형'을 바로 잡았을 때, 모든 자연의 위기를 극복할 수 있다.

파리풀

"손님 접대를 소홀히 하지 마십시오.
손님 접대를 하다가 어떤 이들은 모르는 사이에
천사들을 접대하기도 하였습니다."
히브 13,2

곤충과 식물의 이름은 오랜 세월 동안 사람들의 관찰과 상상력을 반영하고 있다. 그 이름은 단순한 호칭을 넘어, 식물과 곤충 사이의 관계, 또는 인간이 그것을 바라보는 시각과 상징이 담겨 있다. 들꽃 하나, 곤충 하나가 어울릴 듯 안 어울리는 듯 다가오는 이유는, 그걸 바라보는 인간의 시선 또한 그만큼 다양하고 다정하기 때문이다.

친절

파리와 '파리풀'이 그러하다. 여러해살이풀인 '파리플'은 파리의 활동 시기인 여름철, 곧 7~9월에 연한 자주색 꽃이 핀다. 특이한 꽃 구조와 향 때문에 사람들은 파리를 유인하거나 연관 있는 식물로 보았다. 그래서 '파리풀'이라는 이름이 붙었다. 실제로는 파리를 잡는 육식성 식물은 아니다. 즉, 실제 생태 관계는 없지만, 관찰자인 인간의 시선에서 생겨난 이름이다.

우리나라 각처의 산과 들에서 자라는 '파리풀'은 작은 곤충과의 상호작용을 보여주는 대표적인 식물이라 할 수 있다. '파리풀'의 작은 꽃에는 눈에 보이지 않는 갈고리가 숨겨져 있다. 이는 곤충을 붙잡기 위한 것이 아니라, 살아남기 위한 전략이다. 여기에 곤충이 앉았다가 꽃가루를 옮기며, 그 덕분에 '파리풀'은 자신의 생명을 다음 해로 연장해 간다.

'파리풀'은 작지만, 숲속 저층 생태계의 일부이며, 토양 보존 및 종 다양성 유지에 이바지한다. 이것이 '파리풀'이 자신을 생존케 하는 자연에 베푸는 작은 '친절'이다. 그러나 친절은 '파리풀'이 꽃가루를 옮기기 위해 곤충을 유인하듯이, 위선적이어서는 안 된다. '친절'은 아무 소리 없이, 억지 없이, 그렇게 다가온다. '친절'은 삶 자체에서 자연스레 우러나와야 한다.

패랭이

"사랑은 모든 것을 덮어 주고 모든 것을 믿으며
모든 것을 바라고 모든 것을 견디어 냅니다."
1코린 13,7

패랭이는 더위를 피하는 갓의 일종으로, 옛날 신분이 낮은 사람들이 썼던 밀짚모자이다. 이러한 패랭이와 비슷한 모양의 꽃이 있다. 바로 패랭이꽃이다. 꽃자루까지 잘라서 뒤집어 보면 영락없이 패랭이를 닮았다고 한다.

> * 패랭이 꽃말은 자료마다 달라, 여기서는 이 꽃말을 택하였다.

순수한 사랑*

패랭이꽃은 그리 크지도 않고 화려하지도 않다. 소박하다. 한데 오밀조밀 모여있으니 이쁘다. 홀로 떨어져 피면 눈길을 끌지 못할 텐데, 한곳에 붙어 있으니 아름답다. 이 패랭이꽃이 초여름 따가운 햇살과 함께 사랑으로 다가왔다.

집 안뜰에는 자그마한 꽃밭이 있었다. 바로 어머니의 정원이다. 그 정원에는 이름을 알 수 없는 꽃들이 철 따라 피었다. 그 꽃들은 어머니의 손길에 따라 옷을 갈아입었다. 어머니 곁에 쪼그리고 앉아 패랭이꽃을 바라보았다.

시간이 흐른 지금, 어머니와 함께 쪼그리고 패랭이를 바라보던 기억은 아스라하다. 패랭이꽃은 나에게 단순한 꽃이 아니다. 어머니와 같이 바라보던 사랑의 꽃이다. 어머니의 정성스러운 손길에 입맞춤하며 피어난 꽃이다.

패랭이꽃은 어릴 적 기억이 묻어난 꽃이며, 어머니의 사랑을 되새김하게 한 꽃이다. 패랭이꽃이 여름 더위를 견뎌내며 꽃을 피워가듯이, 사랑도 그러해야 한다. 그중에서도 어머니의 순수한 사랑은 가없다. 어머니가 그립다. 아니 아버님도.

한련초

"낙심하지 말고 계속 좋은 일을 합시다.
포기하지 않으면 제때에 수확을 거두게 될 것입니다."
갈라 6,9

우리 주변에서 쉽게 볼 수 있는 것들이, 대수롭지 않게 여겨질 때가 많이 있다. 들풀이 그렇다. 너무 흔해서 돌아보지도 않는다. 그러다 특별한 경우에 귀하게 쓰임으로 해서, 그 진정한 가치를 알아보게 된다. 그중에 "머리를 검게 하고 신장을 보하며, 피를 맑게 하고 지혈 작용이 있다."라고 〈동의보감〉에서까지 언급한 들풀이 있다. 바로 '한련초(旱蓮草)'이다.

* 여러 꽃말 중에 하나를 택하였다.

언젠가는 반드시*

한해살이풀인 '한련초'는 논두렁이나 밭 그리고 도랑 같은 습지에서 자라며, 8~9월에 흰 꽃이 핀다. 번식력이 좋아 농부들에게는 골칫거리가 되기도 하지만, 농작물에는 그리 큰 피해를 주지는 않는다, 오히려 사람에게는 여러 면에서 유용한 약초라고 한다. 그러고 보니 너무 흔해서 스쳐 지나가지만, '언젠가는 반드시' 그 존재가치를 알아보게 되는 들풀인 셈이다.

논둑을 걸어본 사람이라면, 이 '한련초'를 보았을 것이다. 다만 이름을 모르기에 알아보지 못했을 뿐. '한련초'는 사람의 시선을 사로잡는 것이 아니라, 경험에서 우러나온 삶의 지혜가 찾은 유용한 풀이다. 흔한 것이 귀한 것이라는 평범함을 알려주는 풀이다. 도움이 되는 존재, 평범한 속에 가치를 지닌 존재이기에 귀한 존재로 다가오는 것이다.

사람들은 흔한 것에는 그 감사함을 잊는다. 하지만 흔한 것이 귀한 것이 되는, 감사의 순간은 멀리 있지 않다. 그러기에 '지금, 이 순간' 주어진 것들에 감사하는 마음을 가져야 한다. 진정한 가치를 품은 채 '한련초'가 꽃을 피우듯, 우리의 소중한 것들을 잊지 않고 가꾸어야 한다. 그러할 때 우리는 아름답게 빛나는 삶의 꽃을 피울 수 있다. '언젠가는 반드시'

해란초

"내가 모든 재산을 나누어 주고
내 몸까지 자랑스레 넘겨준다 하여도
나에게 사랑이 없으면 나에게는 아무 소용이 없습니다."
1코린 13,3

여름 바닷가, 특히 모래땅에서 피는 노란 꽃을 볼 수 있다. 바로 해란초이다. 바닷가에서 자라는 난초 같다고 해서 붙여진 이름이며, 여러해살이풀이다. 가장 뜨거운 7~8월에 피기에 많은 수난을 당하기도 한다. 바로 피서객들 발길 때문이다. 해란초는 꽃이 피기 전에는 알아볼 수 없기에, 무감각한 사람들에게 희생 당한다. 안타깝다.

영원한 사랑

바닷가에 사는 식물 대부분이 그러하듯이 해란초도 생명력이 강하다. 소금 성분이 많은 바닷바람을 이겨내며, 추위와 가뭄에도 잘 자란다. 더구나 척박한 모래땅 속에 옆으로 길게 뿌리를 뻗으면서 자란다. 꽃은 한꺼번에 피지 않고 마디마다 새싹이 돋아나며, 차례차례 줄지어 피어난다. 그래서 오랫동안 꽃을 볼 수 있지만, 피기 전에 꺾이기도 한다. 사람 때문이다.

바닷가에서 만나는 해란초는 자기 생명력을 다해 세상과 교감한다. 해마다 그 자리에서 한결같이 피고 지며 자리매김한다. 오랜 시간 동안 자신의 존재를 증명해 간다. 비록 사람들이 눈길을 주지 않는다 해도, 자신도 살아있는 생명임을 노란빛으로 말한다. 해란초의 노란빛은 자신도 늘 사랑하고 사랑받는 존재가 되고 싶은 갈망이다. 몰라주는 사람이 야속하다.

작지만 소박한 해란초의 생명력에서 한결같은 사랑의 의미를 찾는다. 해란초가 모진 해풍을 견디며 자라듯, 사랑도 그러해야 한다. 사랑은 변하지 않아야 한다. 일상에서 서로를 믿어주고 지켜주는 사랑, 서로의 부족함을 이해하고 포용하는 사랑이어야 한다. 사랑은 움직이는 것이 아니라, 늘 그 자리에 자리매김해야 한다. 바닷가 모래땅, 해란초를 위한 소중한 장소이다.

가을,
그리고 겨울

　　　'가을'은 '거두다'에서 온 말이라 합니다. 열매를 거두고, 햇살을 거두고, 들꽃들도 제빛을 조용히 접는 계절. 들판은 한층 차분해지고 강아지풀은 고개를 숙이고, 구절초와 쑥부쟁이가 마지막 빛을 머금은 채 바람 속에 피어납니다. 겨울은 꽃보다 쉼이 먼저 오는 계절입니다. 들꽃도 뿌리로 돌아가고, 흙도 입을 닫습니다. 그러나 멈춤은 끝이 아니라 다시 피어나기 위한 기다림의 시간입니다. 가을과 겨울, 이 두 계절은 피어남보다 물러남과 지킴을 말합니다. 그리고 들꽃은 쓰러지듯 머물며 그 조용한 이별과 준비의 미학을 보여줍니다.

감국

"그리스도를 아는 지식의 향내가
우리를 통하여 곳곳에 퍼지게 하십니다."
2코린 2,14ㄴ

'가을하다'라는 가물거리는 순우리말이 있다. 이는 '벼나 보리 따위의 농작물을 거두어들인다.'라는 뜻이다. 이 말에서 가을의 그윽한 향기가 난다. 가을과 함께하는 들꽃이 바로 국화이다. 따뜻한 물에 국화 잎 띄운 차 한 잔의 향기는 따뜻함이다. 가을걷이를 끝내고 '쉼'의 여유를 갖는 농부의 시간은 달다. 그래서 감국(甘菊)이다.

가을의 향기, 그윽한 향기

산길을 걷다 보면 작고 노란 꽃들이 발길을 멈추게 한다. 산국과 헷갈릴 수 있지만, 감국의 맛은 달단다. 이 꽃이면 어떻고 저 꽃이면 어떤가. 국화, 곧 감국이 피면 가을은 저만치 물러가 있음을 안다. 뒹구는 낙엽과 함께 스며드는 국화의 향기가 살포시 다가와 코끝을 간지럽힌다. 감국의 향기는 가을의 노래다. 그래서 감국이 피는 가을은 기쁨이다.

사람들은 겨울 채비하느라 바쁘다. 그러나 감국은 겨울이 코앞에 다가옴에도 급하지 않다. 떠들썩 하지도 않다. 그저 그윽하다. 작고 소박한 존재가 내뿜는 향기는 내 호흡과 하나가 된다. 감국의 향기는 내가 살아있는 존재임을 깨닫게 한다. 지나온, 지금 무엇을 하고 있는지 돌아보게 한다. 가을이 주는 선물이다. 그래서 감국과 함께하는 가을은 내면의 성찰이다.

감국은 여러해살이풀로 거듭거듭 지나온 가을의 이야기를 들려준다. 봄에 새순이 돋고 여름을 견딘다. 그리고 가을에 꽃이 피고 지면 다른 생명을 위해 거름이 되는 이야기다. 이것이 감국의 진정한 가을 향기다. 사람도 향기가 나야 한다. 거창함에서 오는 것이 아닌, 묵묵한 대력에서 피어나는 향기여야 한다. 그래서 냄새가 아닌 향기 나는 '너와 나'이어야겠다.

물매화

"참된 것과 고귀한 것과 의로운 것과 정결한 것과 사랑스러운 것과 영예로운 것은 무엇이든지, 또 덕이 되는 것과 칭송받는 것은 무엇이든지 다 마음에 간직하십시오."

필리 4,8

어느 시인은 말했다. '가을은 눈으로 보지 않고 / 마음으로 보는 것'이라고. '봄꽃, 가을 단풍'이라고도 한다. 그러나 가을꽃도 봄꽃 못지않다. 이름을 알든 모르든 많은 꽃이 앞다투어 핀다. 꽃들의 가을 잔치이며, 사람은 손님이다. 그중에서도 산지(山地)의 볕이 잘 드는 습지에서 피는 꽃이 있다. 가을이면 볼 수 있는 꽃 바로 물매화다.

고결, 결백

우리나라 각지에서 피는 여러해살이풀인 물매화는, 꽃 모양이 매화를 닮았다. 그래서 풀매화, 물매화풀, 매화초라고도 부른다. 꽃은 흰색으로 줄기 끝에 하늘을 향해 하나씩만 핀다. 자기 탓 없이 하늘 정원에서 쫓겨나 물매화로 태어난 선녀가, 하늘을 그리워하며 꽃을 피우는가 보다. 마치 자신의 결백을 알아달라는 애원처럼 말이다.

계절의 순환은 변함이 없다. 계절은 오라고 해서 오고, 가라 해서 가지 않는다. 자연의 섭리에 따라 갈마드는 계절을 정확히 짚어 내는 것이 꽃이다. 그 중에서 가을의 오고 감을 물매화는 자신의 고결한 자태로 알려준다. 세상이 수많은 색을 품어도 물매화는 한 송이 그리고 또 한 송이 피어난다. 그리고 가을 단풍과 함께 물매화의 시간은 저물어 간다.

물매화가 알려주는 시간의 흐름 속에 사람은 생존하고자 몸부림친다. 세상의 유혹에 타협하는 자신을 보며 질책하기도 후회하기도 한다. 그러다 보니 있는 그대로가 아니라, 겉꾸밈으로 자신을 드러내고자 한다. 그러다 부끄러워한다. 물매화의 꽃말처럼 고결한 삶은 어렵다. 더구나 그 고결함은 결백할 때 빛을 발한다. 어려운 덕목이지만, 그만큼 가치가 있다.

벌개미취

"저의 죄에서 저를 말끔히 씻으시고 저의 잘못에서 저를 깨끗이 하소서.
저의 허물에서 당신 얼굴을 가리시고 저의 모든 죄를 지워 주소서.
하느님, 깨끗한 마음을 제게 만들어 주시고
굳건한 영을 제 안에 새롭게 하소서."

시편 51,4.11-12

정원을 가꾸면서 잊지 않고 심는 꽃이 있다. 바로 벌개미취다. 한여름 무더위를 이겨 내고 가을 문턱을 넘을 무렵에 핀다. 그래서 이 꽃이 눈에 들어오면 가을이다. 연보랏빛 꽃이 산과 들을 꾸민다. 하나 혹은 둘 보다는 모여있어야 그 빛이 눈에 부시다. 그리고 산과 들 그냥 그 자리에 두면 된다.

청초, 너를 잊지 않으리

벌개미취는 우리 고유의 꽃이다. 그럼에도 산속에 자생하던 꽃이라 눈에 잘 띄지 않았다. 그러다 1986년 아시안게임과 1988년 서울 올림픽을 준비하면서 우리 곁에 다가왔다. 대회가 가을에 열리는 까닭에 벌개미취가 제격이었기 때문이다. 한 전문가의 제안으로 외래종을 제치고 외국 손님을 맞이하게 된 것이다.

벌개미취는 잊을 만하면 늘 가을 그 자리에 핀다. 누가 가꾸지 않아도 갈수록 풍성해지며 청초함을 더해간다. 겉으로 볼 수 있는 아름다움이 '청초함'이라면, '너를 잊지 않으리'라는 말은 그 청초함 속에 담긴 그리움이다. 가을 향기에 흔들리는 벌개미취꽃이지만, 잊지 않겠다는 마음은 변하지 않고 오래 이어진다.

누군가를 잊지 않겠다는 마음은 때로는 그리움으로, 때로는 간절한 소망으로 피어난다. 계절은 바뀌어도 마음 한쪽에 자리하고 있는 그리움은 늘 청초하다. 내 기억 속에 있는 사람들, 이웃에게서 받은 작은 친절과 따스한 말 한마디는 언제나 마음속에 자리한다. 그것은 벌개미취처럼 깨끗하고 곱다.

사마귀풀

"산들이 밀려나고 언덕들이 흔들린다 하여도
나의 자애는 너에게서 밀려나지 않고
내 평화의 계약은 흔들리지 아니하리라."
이사 54,10

논두렁을 걷다 보면 다양한 들풀이 어우러져 자라는 모습을 볼 수 있다. 언뜻 보면 무질서해 보이지만, 사실 그 안에도 고유한 질서가 있다. 그리고 계절에 따라 변화하면서 새로운 질서가 만들어지고, 저마다의 생태적 위치를 차지하며 공존한다. 이러한 질서 안에서 꽃은 하루만 피기 때문에, 다음을 기약할 수 없는 들풀이 있다. 바로 '사마귀풀'이다.

짧은 사랑

이 풀은 사마귀를 닮기도 했지만, 짓이겨낸 즙을 바르면 사마귀가 없어진다고 해서 붙은 이름이다. '사마귀풀'은 한해살이로 연못이나 냇가, 논두렁 등 습지에서 자란다. 모내기 철에 발아하여 줄기가 논두렁을 따라 퍼져나가며, 마디마디마다 뿌리를 내린다. 가을을 재촉하는 8~9월에 길게 뻗은 줄기 끝에 연한 붉은 빛을 띤 자주색 꽃이 핀다.

'사마귀풀'은 특히 장마철에 빠르게 번식하며 주변을 장악하는 듯하다. 하지만 그러면서도 다른 풀들을 위한 공간을 내어준다. 다른 풀들과 어우러지며 줄기 끝에서 한 송이만 꽃을 피운다. 그것도 하루만 반짝 피고 미련 없이 모습을 감춘다. 그래서 꽃말이 '짧은 사랑'인가 보다. '사마귀풀'의 꽃 피는 시간은 짧지만, 그래서 그 순간이 더욱 아름답게 다가온다.

사랑은 시간을 견디는 마음이다. 사랑은 시간의 길이보다, 그 순간의 깊이와 진실성이 중요하다. '사마귀풀'의 꽃말처럼 짧게 스쳐 지나가는 것처럼 보일지라도, 그 순간은 항구한 사랑을 이어가기 위한 특별한 시간이다. 곧 그 사랑의 순간은 다시는 돌아오지 않는 귀한 선물이다. 사람 편에서는 '짧은 사랑'이지만, 하느님 편에서는 '영원한 사랑'이다.

쑥부쟁이

"파수꾼들이 아침을 기다리기보다
파수꾼들이 아침을 기다리기보다
내 영혼이 주님을 더 기다리네."

시편 130,6

옛날 가난한 불쟁이(대장장이)의 어린 딸은 쑥을 캐다가 팔아 생계를 이어갔다. 그러던 중 남자를 만나 사랑이 싹텄지만, 남자는 후일을 기약하고 곁을 떠나갔다. 이 딸은 남자의 약속을 기다리며 쑥을 캐면서 그리움을 달랬다. 하지만 딸은 쑥을 캐다 절벽에서 떨어져 안타까운 생을 마감했다고 한다. 그 뒤 그 자리에 꽃이 피었는데, 그 꽃이 '쑥부쟁이'이다.

그리움, 기다림

이처럼 쑥을 캐러 다니던 불쟁이의 딸에서 유래한 '쑥부쟁이'는 여러해살이풀이다. 우리나라 산과 들 어디서나 7~10월까지 연보라색 꽃이 피며, 여러 가을꽃 중 하나이다. 그야말로 가을철에 비스듬히 누워 누군가를 기다리듯 흐드러지게 핀다. 그래서인지 지역에 따라 그 종류도 다양하며, 각각 고유한 맛과 향이 난다. 이런 꽃이 가을이면 어김없이 다가와 그저 좋다.

한 여인이 그리움에 기다리다 지쳐 피어난 '쑥부쟁이'지만, 기다리지 않아도 때가 되면 우리 곁을 찾는다. '쑥부쟁이'는 자신이 있을 곳을 알기에, 늘 그 자리를 새롭게 채운다. 그리움은 어느덧 연보랏빛으로 물들며, 다시금 사랑으로 피어난다. 이것이 계절마다 들꽃이 우리에게 가져다주는 맛깔스러운 선물이다. 그래서 바라보는 것만으로도 한없이 좋다.

그러고 보니 사람은 늘 기다림 속에 살아간다. 그리고 그 기다림은 그리움이 되어 가슴 한편에 스며든다. 그리움과 기다림은 서로를 닮아가며 자란다. '쑥부쟁이'가 채워놓은 산과 들에 누군가를 기다렸던 마음, 그리고 잊을 수 없어 그리워했던 마음이 함께 피어난다. 생각해 본다. 우리가 진정 그리워하며 기다려야 하는 것은 무엇인가?

좀바위솔

"너 게으름뱅이야, 개미에게 가서 그 사는 모습을 보고
지혜로워져라. 개미는 우두머리도 없고 감독도 지도자도 없이
여름에 양식을 장만하고 수확 철에 먹이를 모아들인다."

잠언 6,6-8

산행하다 바람이 잘 통하는 바위 지대에서 만날 수 있는 꽃이 있다. 작은 꽃이 가을빛을 받아 하얀색이거나 분홍색 빛을 발한다. 바로 '좀바위솔'이다. 바위에 붙어 피는 작은 꽃 모양이 소나무 수꽃을 닮았다 해서 '좀바위솔'이다. 언뜻 보면 이끼처럼 보이기 쉽다. 그러나 이끼처럼 기생하지 않고, 고유한 생명력으로 스스로 생존하며 꽃을 피운다.

근면

우리나라 전역에서 생존하는 여러해살이풀인데, 잘 눈에 띄지 않는다. 바위와 같은 척박한 곳에서 자라기 때문에 눈길이 가지 않기 때문이다. 극한의 환경 속에서도 자신의 자리를 고수하며 살아남는다. 매력적인 꽃을 피운다. 좀바위솔은 생존에 필요한 최소한의 물과 영양분으로 해마다 번식한다. 작지만 자신의 아름다움을 보란 듯이 완성한다.

바위 위에서 자라는 좀바위솔은 열악한 환경을 자신의 터전으로 변화시킨다. 생존을 위해 피하거나 꺼리지 않고 그 환경에 동화한다. 그렇다고 기생하지도 않는다. 자신만의 방법으로 자신의 자리를 지키며 성장한다. 그래서 좀바위솔의 꽃말이 '근면'인지 모르겠다. 근면, 이것이 좀바위솔의 숨은 모습이다. 작은 좀바위솔이 알려주는 큰 가치이다.

근면은 외부 환경에 휘둘리지 않고 땀 흘리며 한 걸음씩 나아가는 과정이다. 좀바위솔이 늘 그 자리에서 꽃을 피우는 것처럼, 눈에 보이지 않는 노력은 언젠가는 빛을 발한다. 근면은 단순히 열심히 일하며 사는 것, 그 이상의 의미가 있다. 근면은 주어진 환경을 받아들이고 이로움으로 개척하는 것이다. 스스로 자신만의 꽃을 피우기 위해 내적으로 단단해지는 여정이다.

겨우살이

겨울나무에는 작은 숲이 있습니다

겨울이 되면 숲의 풍경은 한층 더 차분해진다. 한때 무성했던 나무들은 잎을 모두 떨구고 앙상한 가지들만 남긴 채 서 있다. 그런데 유독 몇몇 나무에는 여전히 푸른 덩어리가 가지 끝에 매달려 있는 것을 볼 수 있다. 언뜻 보면 까치집처럼 보이지만, 가까이 다가가 보면 그것은 새가 둥지를 튼 것이 아니라 '겨우살이'라는 독특한 식물이다.

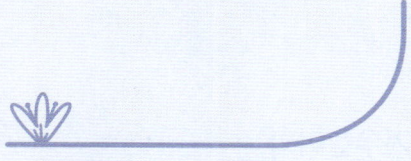

겨우살이

겨우살이는 일반적인 나무처럼 뿌리를 땅에 내리지 않는다. 대신, 참나무나 버드나무, 사과나무와 같은 큰 나무의 가지 위에 붙어 자란다. 한겨울에도 잎이 푸르게 남아 있어 생명이 멈춘 듯한 겨울 숲속에서 신비로운 존재감을 드러낸다. 겨우살이가 생기는 이유는 뿌리를 땅이 아닌 나무의 줄기나 가지에 내리기 때문이다. 겨우살이의 씨앗은 새들이 먹고 난 뒤 배설물과 함께 나무 위에 떨어지는데, 이때 끈적한 점액질이 씨앗을 나무껍질에 붙도록 돕는다. 시간이 지나면서 씨앗에서 싹이 트고, 나무껍질에 뿌리를 내린다. 하지만, 이 뿌리는 땅속으로 자라는 것이 아니라, 숙주 나무의 물관을 뚫고 들어가 양분과 수분을 빨아들이는 역할을 한다. 겨우살이는 흔히 반기생식물이라고 불린다. 완전히 독립적으로 살아가는 것이 아니라, 숙주 나무의 일부 자원을 빌려서 성장하기 때문이다. 하지만 나무에는 무조건 해를 끼치는 것은 아니다. 겨우살이는 숙주 나무의 수액을 빨아들이긴 하지만, 자신도 광합성을 하며 일부 에너지를 생산한다. 따라서 나무가 건강한 상태라면 겨우살이가 붙어 있어도 크게 해가 되지 않는다. 그러나 겨우살이가 지나치게 많아지면 나무의 수분과 양분을 과도하게 빼앗아 나무를 약하게 만들 수도 있다. 특히 가뭄이 심하거나 겨울철 생장이 둔해진 시기에는 겨우살이가 숙주 나무에게 부담을 줄 수도 있다.

겨우살이와
다른 동식물 그리고 사람

겨우살이는 혼자만 살아가는 것이 아니라, 다른 동물들과도 깊은 관계를 맺고 있다. 겨우살이 열매는 작은 새들에게 중요한 먹이가 된다. 특히 동박새나 직박구리 같은 새들이 겨우살이 열매를 즐겨 먹는다. 그리고 이 새들이 씨앗을 멀리 옮겨다 주면서 겨우살이는 새로운 나무에 자리 잡을 기회를 얻는다. 또한 겨우살이는 겨울에도 비교적 따뜻한 환경을 유지하기 때문에 일부 곤충들에게 은신처가 되기도 한다. 따뜻한 계절에는 꽃을 피우고 꿀을 만들어 벌과 나비들에게 중요한 밀원(꿀을 제공하는 식물)이 된다. 겨우살이는 예로부터 약용 식물로 사용됐다. 특히 동양과 유럽에서는 겨우살이를 건강에 좋은 식물로 여겼다. 한방에서는 혈압을 낮추는 데 도움을 준다고 알려져 있으며, 유럽에서는 겨우살이를 신성한 식물로 여겨 행운과 장수를 기원하는 의미로 사용하기도 했다.

겨우살이가 주는
자연의 교훈

겨우살이는 땅에 뿌리를 내리지 않아도 살아갈 수 있는 식물이다. 하지만 그렇다고 해서 독립적인 존재는 아니다. 새들에게 씨앗을 옮기는 일을 맡기고, 나무에서 수분과 양분을 얻으며, 곤충들에게는 꿀을 제공한다. 이렇게 서로 의존하며 살아가는 겨우살이를 보고 있으면, 자연 속에서는 모든 것이 연결되어 있음을 다시금 깨닫게 된다. 또한, 겨울이 되어도 푸르게 남아 있는 겨우살이는 혹독한 계절 속에서도 생명을 이어가는 강인함을 보여준다. 자연은 때때로 고난을 견뎌야 하는 시간을 주지만, 그 속에서도 생명의 길을 찾는 것이 가능하다는 것을 겨우살이는 우리에게 조용히 가르쳐 주고 있는지도 모른다. 겨울 숲을 거닐다가 앙상한 가지 위에서 푸르게 남아 있는 겨우살이가 보인다면, 잠시 멈춰 서서 이 작은 식물이 품고 있는 이야기들을 떠올려 보자. 그것은 단순한 겨울의 흔적이 아니라, 자연이 우리에게 전해주는 깊은 메시지일지도 모르니까.

꽃말,
말씀을 만나다

교회인가 | 2025년 6월 18일 (천주교 청주교구)
초판 1쇄 | 2025년 7월 25일

엮 은 이 | 신성근
펴 낸 이 | 전갑수
펴 낸 곳 | 기쁜소식
등 록 일 | 1989년 12월 8일
등록번호 | 제1-983호
02880 서울 성북구 성북로5길 44(성북동1가)
☎ 02·762·1194-5   FAX 02·741·7673
E-mail : goodnews1989@hanmail.net

값 10,000원
ISBN 978-89-6661-335-9 03230

성경 ⓒ 한국천주교중앙협의회. 2025.